La séduction :
vérités et mensonges

Richard Fleet

La séduction :
vérités et mensonges

www.quebecloisirs.com

UNE ÉDITION DU CLUB QUÉBEC LOISIRS INC.
© Avec l'autorisation des Éditions Libre Expression
© 2000, Éditions Libre Expression ltée
Dépôt légal — Bibliothèque nationale du Québec, 2001
ISBN 2-89430-476-5
(publié précédemment sous ISBN 2-89111-913-4)

Imprimé au Canada

À Bruce et Claire, mes parents que j'aime
et qui ont eu le plus d'influence sur moi.

TABLE DES MATIÈRES

Avant-propos

Lorsque l'intuition
ne suffit pas

Richard Fleet aborde dans ce livre un sujet qui constitue une source de souffrance importante pour un grand nombre d'individus. La culture populaire présente généralement la rencontre amoureuse comme magique, intuitive, spontanée et donnant lieu au bonheur. Or, ce n'est pas nécessairement le cas pour tout le monde. Si la majorité des individus réussissent à dépasser le stress que peut susciter une première rencontre, plusieurs sont, à un moment ou l'autre de leur vie, paralysés par l'anxiété et la peur du rejet au point d'éviter les situations susceptibles de leur permettre d'établir la relation tant désirée. Plus ils fuient, plus ils ont peur, plus leur solitude grandit.

De nombreuses causes peuvent être à l'origine des difficultés à établir une relation amoureuse. Sans les élaborer toutes ni être un substitut à une démarche personnalisée, ce livre peut aider un grand nombre de personnes à mieux saisir les différents aspects de ces difficultés et à trouver des moyens concrets pour y faire face.

Psychologue chevronné, l'auteur présente ici le fruit de nombreuses recherches scientifiques sur la rencontre amoureuse et la séduction, auxquelles s'ajoutent ses observations cliniques et ses propres expériences. Bien que la séduction comporte en soi une bonne dose d'imaginaire, ce livre pourra rassurer chacun des lecteurs lorsque l'intuition ne suffit pas.

Rose-Marie Charest, M.A.
Psychologue
Présidente de l'Ordre des psychologues du Québec

Introduction

Les habiletés de séduction et la psychologie

L'idée de ce livre m'est venue sur les plages de Cuba il y a environ trois ans. En y pensant bien, je réfléchis au sujet de la séduction depuis longtemps... depuis que je m'intéresse aux femmes. Je me demande pourquoi elles sont attirées par une personne plutôt qu'une autre. Et pourquoi certains individus obtiennent davantage de succès que d'autres en amour. À l'adolescence, mes grandes questions pouvaient se résumer en une seule : que faut-il faire pour trouver et séduire la personne qui nous intéresse? Plus tard, je me suis aussi demandé comment choisir une personne qui nous convienne.

Je n'étais pas le seul à m'interroger sur la séduction. Entre adolescents, *le* sujet de discussion, c'est l'amour... et ses mécanismes. À cet âge et, je m'en suis rendu compte plus tard, à tout âge, chacun y va de sa théorie sur les relations amoureuses. Tout le monde semble avoir une idée de ce qui séduit... et de ce qui ne séduit pas. Personne ne connaît l'efficacité réelle de ces stratégies de séduction. Qui a raison? Paul ou Diane qui ont du succès en amour ou Jacques qui a de bonnes idées, mais peu de succès dans ses relations amoureuses? Si nous étions plusieurs à nous questionner, nous ignorions cependant à cette époque – pas si lointaine! – l'importance d'obtenir des réponses à ces questions.

Ma réflexion à propos de la séduction s'est poursuivie pendant plusieurs années. Toutefois, au début de l'âge adulte, j'ai fait vœu de silence. Je ne voulais pas avouer aux autres que je m'interrogeais encore sur les meilleures façons d'attirer l'âme sœur! N'y avait-il que moi pour se poser autant de questions? Devenu psychologue, je me suis rapidement aperçu que j'étais loin d'être le seul à avoir ces préoccupations. Chez plusieurs de mes clients, les relations de couple constituent une importante source de détresse. Nombre d'entre eux vivent des relations insatisfaisantes. D'autres semblent en perpétuelle quête de nouvelles relations, accumulant les échecs et subissant rejet par-dessus rejet. Enfin, certains clients ont mis une croix «définitive» sur une vie de couple après plusieurs mauvaises expériences. Qui sait, peut-être mes clients vivent-ils des problèmes liés à un contexte de vulnérabilité émotionnelle qui ne touchent pas la population en général?

Encore une fois, je me rends compte que ce n'est pas le cas, bien au contraire! Il y a quelques années, j'ai décidé d'aller en vacances seul à Cuba. Ma relation de couple battait de l'aile et j'avais besoin de prendre du recul… Même si je craignais de me retrouver en solo au milieu de duos romantiques se regardant longuement dans les yeux. À ma grande surprise, j'ai rencontré des dizaines de personnes ayant décidé elles aussi de se distancier afin de réfléchir à leur relation de couple. Imaginez le sujet de discussion cette semaine-là!

Lors de ce voyage, je me suis lié d'amitié avec un homme qui, sachant que j'étais psychologue, m'a posé une foule de questions sur les facteurs psychologiques mis en œuvre dans les relations de couple, et principalement sur le plan de la séduction. Michel voulait savoir si la psychologie s'était intéressée sérieusement à la séduction. Il semblait fort renseigné sur la littérature populaire concernant ce sujet et m'affirma qu'il existait peu de publications pour aider les gens dans le processus de séduction. Vers la fin du séjour, il m'apprend qu'il est aussi agent littéraire et me propose de rencontrer un éditeur au retour des vacances. Voilà! Mon mandat pour le présent livre est donné : faire le point sur ce que la psychologie moderne peut offrir aux gens seuls pour les aider à rencontrer l'âme sœur.

En commençant mes recherches, je me suis rendu compte que plusieurs livres ont été écrits sur les relations de couple : Les hommes viennent de Mars, les femmes viennent de Vénus de John Gray, L'amour en guerre de Guy Corneau, Parle-moi, j'ai des choses à te dire... de Jacques Salomé. Plusieurs de ces livres ont connu et connaissent encore un immense succès. Cette constatation me confirmait qu'il existait un malaise sur ce plan et un grand besoin d'information. Où en sommes-nous?

Ce n'est pas un secret, la vie de couple est difficile et les risques d'échec, élevés. Si l'on se fie au taux de divorce de 1996, 37 % des mariages sont appelés à se terminer par un divorce (Foot, 1999). Il n'existe pas encore de véritables statistiques sur les séparations pour les relations non maritales avec et sans cohabitation : la reconnaissance gouvernementale des conjoints de fait, de sexe différent ou de même sexe, est assez récente. Toutefois, on peut estimer que plus de la moitié des couples, toutes catégories confondues, se sépareront. Il semble que les relations de couple n'arrivent pas à s'inscrire dans la durée... et la complicité. Plusieurs spécialistes affirment que les problèmes de communication constituent la plus grande source de conflits et que ces problèmes seraient la cause principale des séparations. D'autres prétendent que les couples se séparent aussi lorsque la flamme s'éteint... et que cette flamme s'éteint parce que les partenaires ne savent pas comment continuer à la faire brûler. *Peut-être la vie de couple est-elle difficile parce que le choix du partenaire ne se montre pas au départ toujours adéquat!*

Comment en sommes-nous arrivés à nouer une relation avec tel ou tel partenaire? Après une séparation, les gens se demandent souvent comment ils ont «réussi» à faire fonctionner leur relation aussi longtemps avec une personne aussi différente d'eux. Même si l'on connaît l'importance d'effectuer un bon choix de partenaire, y met-on vraiment beaucoup d'effort ou de réflexion? Sait-on où et comment rechercher l'âme sœur? Lorsque nous croyons avoir trouvé une personne qui fait battre notre cœur, savons-nous de quelle manière la séduire afin qu'une relation obtienne la chance de se développer? D'après mon expérience de psychologue clinicien et après avoir recueilli plusieurs témoignages, il me faut répondre par la négative! Peut-être est-il difficile de vivre en couple, car nous n'avons pas vraiment de guide pour nous aider à choisir le bon partenaire et à le séduire. Il faut dire qu'on n'apprend pas ce genre de choses sur les bancs d'école! Déjà qu'à chaque nouvelle conquête, c'est un peu la première fois...

Dommage que nous soyons laissés sans guide, car il s'agit probablement, avec le choix de carrière, du domaine de vie le plus important. Si vous ne faites pas le bon choix de partenaire, les conséquences seront multiples. Ce choix influencera plusieurs aspects de votre vie, de la simple complicité sur le plan des habitudes quotidiennes aux valeurs et au bagage génétique que vous transmettrez à vos enfants. Certaines personnes se retrouvent avec des conjoints qui ne savent exprimer leurs émotions que de façon violente et d'autres avec des conjoints absents! Le choix d'un partenaire de vie s'avère donc crucial, mais les gens doivent fréquemment procéder par essais et erreurs dans leur démarche pour découvrir l'âme sœur. Ce choix s'effectue souvent d'une manière précipitée, car la crainte de vivre seul, que ce soit au début de notre vie sentimentale ou après une relation amoureuse, se révèle si intense qu'on prend presque le premier venu! De la même façon, la peur du rejet peut mener à l'évitement de situations sociales qui pourraient nous permettre de profiter d'une rencontre agréable. Parfois, le fait de ne pas trop savoir comment s'y prendre pour séduire quelqu'un ou amorcer une relation par une simple invitation peut éliminer la possibilité de faire des rencontres ou créer un sentiment de rejet. Peut-être avons-nous déjà su comment nous y prendre, mais qu'une relation de plusieurs années nous a fait oublier les quelques points de repère pour affronter le fameux « marché des célibataires ».

Comme je l'ai déjà mentionné, plusieurs livres traitent des relations de couple mais *peu* du processus précédant cette relation, soit celui de la séduction et de l'amorce d'une nouvelle relation. Ce livre se veut donc un guide pour aider la personne célibataire à se présenter sous son meilleur jour afin de séduire une personne avec qui elle se sent vraiment bien. Comment? En s'inspirant d'un ensemble de recherches et d'expériences cliniques en psychologie. Pourquoi? Pour que ce processus de rencontre et de séduction ne soit pas uniquement laissé au hasard et qu'on puisse mettre toutes les chances de son côté!

Car la séduction, c'est complexe et tout simple à la fois. C'est le processus qu'utilise une personne pour en convaincre une autre qu'elles sont faites pour être ensemble! Au départ, chacune d'elles suit son propre chemin... et les deux se rencontrent à la croisée. Séduire l'autre personne, c'est l'inviter à emprunter le même chemin, explorer un terrain de jeu aux règles mouvantes... On se sert de son charme pour entraîner l'autre à faire la route avec soi! Le plus délicieux détournement qui soit...

Ce processus nécessite plusieurs étapes (on prend parfois des raccourcis, mais enfin!) : le choix de la personne invitée, l'invitation proprement dite, la première sortie et, souhaitons-le, les nombreuses autres... Pour franchir toutes ces étapes, rien de tel que de maîtriser son anxiété! Compliqué? Non, si l'on connaît certaines techniques! Ce livre vous en dévoilera quelques-unes... Il va sans dire que la séduction comporte de multiples facettes : l'apparence physique (oui, on peut aider la nature!); les habiletés sociales (parce qu'on n'a rarement une deuxième chance); les mots et les gestes pour séduire ou l'art de choisir les bons outils. Nous y reviendrons...

Parce que la psychologie s'est intéressée aux différentes étapes de séduction, elle peut nous aider à faire une rencontre *extra* avec une personne *extra* pour nous. La psychologie étudie précisément ce qui constitue le cœur de toute rencontre : le comportement humain et les émotions... oh combien humaines. Les travaux des chercheurs les plus susceptibles de nous faciliter la vie en matière de séduction proviennent principalement de la psychologie sociale et cognitivo-comportementale. Ce livre a été conçu pour rendre accessibles ces outils privilégiés. Grâce à eux, notre peur du rejet peut se surmonter et nos habiletés sociales, se développer.

En terminant, je tiens à mentionner que, dans ce livre, je m'adresse aux femmes comme aux hommes et mets en scène des individus des deux sexes, même si le choix de ne pas systématiquement préciser le genre a été effectué pour alléger le texte. De même, bien que tout au long des chapitres les situations traitent de gens hétérosexuels, les personnes d'une autre orientation pourront aussi s'y reconnaître. Bonne séduction!

1

Vivre en solo ou en duo?

Je suis entièrement autonome. J'ai le sentiment de contrôler ma vie. Je ne dépends de personne pour vivre et être heureuse. J'ai choisi mon appartement dans un quartier qui me convenait. Je l'ai décoré à mon goût. Je mange ce que j'aime au moment qui me convient. Je fais le ménage quand cela me plaît. Je sors avec qui je veux, quand je le veux. Je fais l'amour avec qui je veux et je n'ai pas de comptes à rendre à personne. Je choisis mes loisirs selon mes goûts. C'est vrai que parfois je me sens seule et que j'aimerais avoir quelqu'un dans ma vie. Je n'ai pas encore trouvé la bonne personne. Je préfère rester seule plutôt que de me satisfaire d'une relation qui ne me convient pas tout à fait, même si celle-ci pourrait être sécurisante. Ne pensez pas que je suis une vieille fille malheureuse! Je ne le suis pas du tout. J'ai beaucoup d'amis. Plusieurs personnes sont célibataires, vous savez! Je me sens aussi très près des membres de ma famille. Je les fréquente souvent et j'ai leur appui. Un jour, je trouverai l'âme sœur. Je garde les yeux grands ouverts! Toutefois, j'apprécie cette aventure du célibat et j'en profite.

LOUISE, FEMME DANS LA QUARANTAINE DIVORCÉE DEPUIS DIX ANS

Si vous lisez ce livre, je présume que vous désirez trouver une personne avec qui vous vous sentirez vraiment bien. Vous ne vivez probablement pas de relation amoureuse présentement ou si oui, vous êtes sans doute au début d'une relation… ou à la recherche d'une nouvelle. Je vais tout de même supposer que la plupart des lecteurs sont célibataires. Les critères qui définissent ce statut? Être divorcé, veuf, séparé ou ne pas vivre de relation amoureuse stable. Si vous êtes seul et que vous recherchez quelqu'un avec qui partager votre vie, il s'agit d'un objectif très valable. Mais le célibat constitue-t-il un réel problème? Faut-il absolument vivre en couple pour être heureux? Ce chapitre met en lumière ce que la psychologie peut nous révéler (ou nous rappeler!) au sujet de la vie de couple, du célibat… et du bonheur. Vous verrez qu'il existe des mythes négatifs tenaces au sujet de la vie de célibataire. Car si la société valorise la vie de couple et la passion au sein de celle-ci, elle véhicule également plusieurs préjugés vis-à-vis des célibataires. Pourtant, bien qu'une relation intime de qualité présente des avantages sur le plan de la santé et du bonheur des gens, la vie de célibataire est loin d'être négative. Le fait de vivre seul n'est pas forcément synonyme de solitude. Alors, célibataires, n'ayez rien à craindre de votre statut!

Les mythes sur les bienfaits de la vie à deux et les méfaits du célibat

On peut désirer vivre une relation amoureuse parce qu'on y voit de nets avantages ou, à l'inverse, pour éviter les désavantages réels et perçus du célibat. Autant y voir clair avant… Notre mémoire, nos attentes et la société dans laquelle nous évoluons nous jouent parfois des tours!

Le mariage demeure encore aujourd'hui une institution populaire, malgré son image souvent négative et la désintégration de la famille traditionnelle. On ne se marie peut-être plus pour les mêmes raisons qu'autrefois, mais on y vient quand même. Les jeunes se montrent nombreux à vouloir se marier un jour... même si plusieurs d'entre eux ont vécu le divorce de leurs parents et que, pour des raisons à la fois économiques et démographiques, l'âge moyen pour célébrer un premier mariage est plus élevé depuis les années 1980. En outre, la plupart des personnes divorcées ou veuves se marieront une deuxième fois. Toujours populaire, le mariage, mais rend-il les gens plus heureux ?

À deux, est-ce forcément mieux ?

Plusieurs études démontrent que les personnes mariées sont en fait plus heureuses que celles qui ne se sont jamais mariées, ou qui se retrouvent veuves, divorcées ou séparées. De plus, les personnes mariées seraient en meilleure santé et vivraient plus longtemps. Et celles vivant en union libre, direz-vous ? Malheureusement, les statistiques se montrent plutôt avares de données en ce qui les concerne, d'où l'évocation fréquente du mariage ici. Si ce dernier semble bénéfique au regard des statistiques, il faut nuancer. Des études plus récentes démontrent que les effets du mariage sur le bonheur, quoique encore présents, sont de moindre importance qu'autrefois. De plus, le mariage n'engendrerait pas autant de bénéfices positifs pour la femme que pour l'homme. Les hommes mariés seraient nettement plus heureux que les célibataires et les femmes mariées, seulement légèrement plus heureuses que celles vivant seules. Signalons de plus que la majorité des divorces sont demandés par les femmes. Comment expliquer cette tendance ? Peut-être qu'une fois mariées, plusieurs femmes se retrouvent devant un nombre infini de responsabilités, combinant travail et famille... en solo parfois. Elles trouvent peut-être qu'elles n'ont plus le temps et l'énergie de prendre soin d'elles-mêmes et que leur conjoint ne contribue pas suffisamment aux tâches familiales, ce qui peut amener davantage de frustration. Même si les deux partenaires d'un couple occupent des emplois à l'extérieur, selon plusieurs études, la femme s'occupe encore de la majorité des tâches familiales : bouffe, lavage, épicerie, enfants, etc. Peut-être les femmes développent-elles des attentes plus élevées que les hommes quant à la vie de couple et que ces attentes, entre autres pour les raisons évoquées précédemment, ne sont pas toujours comblées.

Je tiens à préciser que les études sur la satisfaction conjugale portent sur un grand nombre de couples. Ces études incluent des couples tant heureux que malheureux, et les résultats représentent une moyenne de ces deux groupes. À mon avis, on peut affirmer sans trop se tromper qu'un célibat «bien» vécu rend plus heureux qu'une «mauvaise» relation de couple !

D'ailleurs, de plus en plus de personnes choisissent de vivre seules, et ce, sans grandes difficultés. Au Canada, le nombre de personnes habitant seules a augmenté de 11 % de 1991 à 1995 (Foot, 1999), soit à un rythme deux fois plus rapide que le taux de croissance de la population ! Selon le *Time* (août 2000), en 1963, 83 % des américaines étaient mariées ; en 1997, cette proportion a diminué à 65 %. Linda Waite, sociologue de l'Université de Chicago, interprète cette donnée comme un énorme changement dans le mode de vie de la population américaine. Dans ce même numéro, on mentionnait que les femmes célibataires représentaient 40 % de la population adulte féminine.

La vie en solo sera à la hausse dans les années 2000 ! Cette tendance ne peut pas s'expliquer uniquement par le nombre grandissant de conjoints de fait et de couples homosexuels. Pour l'instant, il suffit de mentionner que, au cours des années 1980 et 1990, le nombre de personnes vivant en union libre a augmenté de façon prodigieuse : on passe de 700 000 Canadiens en 1981 à 2 millions en 1995 (Foot, 1999)!

Le célibat, une maladie honteuse ou *in*?

Le choix de vivre en solo devient de plus en plus populaire, mais il subsiste des mythes qui font que plusieurs célibataires ont encore honte de leur statut. Ils préfèrent vivre une relation, même malheureuse, que d'être vus seuls! Les chercheurs Cargan et Melko (1982), entre autres, remettent en question les mythes du célibat. Si vous êtes préoccupé par votre statut de célibataire, retenez donc ce qui suit : il n'y a pas que du mauvais à être célibataire!

S'afficher célibataire?

Plusieurs personnes éprouvent de la honte à l'égard de leur situation de célibataire. Devenue veuve, Céline hésitait à se rendre seule à des concerts ou à des soirées. «Les gens se demandent quel problème tu peux cacher pour ne pas être accompagnée d'un homme. On pense peut-être que je suis une vieille fille exécrable! Les femmes craignent que tu voles leur conjoint», déplore-t-elle. Désuet, ce discours? Les propos de cette femme dans la quarantaine recoupent pourtant les craintes de plusieurs célibataires, et ce, de tous les âges. Le vocabulaire pour l'exprimer peut changer, la peur demeure. Plusieurs célibataires vivent dans la honte de leur statut, car ils craignent d'être victimes de préjugés.

Mythe	Fait
Les célibataires (surtout les hommes) sont restés «psychologiquement accrochés» aux jupes de leur mère... Et ils sont à peine capables de s'occuper d'eux-mêmes !	Il n'existe aucune preuve scientifique de cela. Il est vrai cependant que certains célibataires démontrent peu d'autonomie lorsqu'il s'agit de prendre soin d'eux-mêmes.
Les célibataires sont égoïstes.	Comme dans plusieurs domaines, certains le sont et d'autres pas. Et on connaît tous des couples égoïstes !
Les célibataires sont plus heureux.	Dans l'ensemble, les personnes mariées sont plus heureuses (légèrement) et les célibataires souffrent plus souvent de symptômes d'anxiété et de périodes de déprime, mais la tendance actuelle change... Et Dieu merci, mariés ou pas, les hommes et les femmes peuvent désormais se libérer de relations malheureuses !
Les célibataires ont plus de temps libre.	Vrai... surtout qu'une relation de couple, maintenant, ça se travaille !
Les célibataires ont une vie sexuelle plus palpitante.	C'est relatif. Les célibataires ont plus de variété. Les couples stables font l'amour plus fréquemment.
Les célibataires souffrent plus souvent de solitude.	Vrai, mais il faut nuancer. La solitude peut revêtir de multiples formes. Et parfois, les conjoints ont des horaires tellement incompatibles qu'ils fréquentent davantage leurs collègues que leurs partenaires !
Les célibataires collectionnent les conquêtes.	Les célibataires vivent peut-être davantage de périodes de «recherches amoureuses», mais les collectionneurs de conquêtes ne jouissent pas d'un statut particulier : le mariage n'est pas un territoire protégé !
Les célibataires ont plus d'argent.	Faux. Les couples mariés ont plus d'argent. Bien sûr, les dépenses liées aux enfants, le cas échéant, se

	révèlent plus élevées. De leur côté, les célibataires dépensent davantage en loisirs de toutes sortes.
Les célibataires sont restés de grands enfants.	Faux. La recherche de satisfaction personnelle associée au célibat est souvent confondue avec des traits de caractère infantiles… et une relation stable avec une relation « mature » ! Les exceptions abondent…
Les célibataires aiment la solitude.	Si certains chérissent la solitude et y trouvent leur bonheur, d'autres ne l'ont pas choisie… Par ailleurs, on a tous avantage à apprivoiser la solitude !

Si les préjugés contre les célibataires existent encore, ils n'affectent que ceux qui le veulent bien. Et les temps changent… On valorise de plus en plus l'autonomie. Les célibataires ont, dans ce nouveau millénaire, la voie grande ouverte. Alors, qu'on ne se gêne surtout pas pour marcher la tête haute !

On peut être seuls ensemble !

L'une des raisons les plus évoquées pour « sortir du célibat au plus sacrant » est la peur de la solitude. Les gens qui ne sont pas en couple souffrent-ils vraiment plus de solitude ? D'ailleurs, qu'est-ce que le sentiment de solitude ? Le fait d'être seul physiquement ? Pas nécessairement ! Le sentiment de solitude survient lorsque vous vous sentez insatisfait du genre de relation que vous avez. Il s'agit souvent d'une situation où il existe un écart entre l'état de votre relation et vos attentes face à celle-ci. Vous pouvez donc être seul dans un endroit isolé et ne souffrir aucunement de solitude, si cela vous convient. De la même façon, vous pouvez vivre une relation amoureuse et vous sentir seul si la qualité de votre relation ne vous procure pas autant d'intimité que vous le voudriez. Le célibat peut déborder de contacts diversifiés et enrichissants, alors que la vie à deux peut s'avérer un véritable désert relationnel...

J'ai été marié treize ans avec une amie d'enfance. Elle et moi sommes devenus très différents avec les années. J'ai étudié à l'université. Elle n'aimait pas l'école et a choisi de travailler comme préposée aux bénéficiaires dans un hôpital. Elle s'intéressait à la santé et aux gens, mais pas à ce que je faisais. Je suis programmeur informatique. Elle déteste les ordinateurs. Elle boudait chaque fois que j'ouvrais le mien après le souper. Elle trouvait aussi qu'elle n'avait rien en commun avec mes amis : tous des maniaques d'Internet ! Je me sentais de plus en plus coupable d'exercer mon métier et de faire ce que j'aime dans la vie. Je me sentais seul, très seul, elle aussi sans doute. Je l'avoue, son métier ne me passionnait pas non plus. Nous en sommes venus à l'évidence. Valait mieux vivre seul seul que seul à deux.

LUC, 37 ANS

Le sentiment de solitude n'est donc pas exclusivement associé au fait d'être célibataire. Cependant, les personnes vivant en couple souffrent en général moins de solitude que les personnes séparées, divorcées ou veuves. Par ailleurs, les recherches démontrent que les célibataires n'ayant jamais été mariés ne souffrent pas plus de solitude que les personnes mariées. Le célibat n'engendre donc pas nécessairement un sentiment de solitude. Ce sentiment semble davantage associé aux gens qui terminent une relation de couple ou qui éprouvent un malaise à être seuls.

Le sentiment de solitude, qu'il soit associé ou non au célibat, peut devenir une source de souffrance psychologique. Quatre principaux états psychologiques y sont liés : le désespoir, l'ennui, l'autodépréciation et la dépression. Il ne s'agit donc pas de prendre ce sentiment à la légère, pas plus que n'importe quel sentiment d'ailleurs! Heureusement, les recherches en psychologie proposent plusieurs stratégies pour mieux vivre avec le sentiment de solitude ou, mieux encore, le vaincre.

Un cadeau mal emballé...

Vous êtes seul et vous voulez vaincre la solitude? Plusieurs techniques peuvent vous aider. Mais avant de vous les dévoiler, j'aimerais que vous sachiez que le sentiment de solitude que vous vivez en ce moment (si vous le vivez), quoique désagréable, est peut-être un cadeau du ciel mal emballé! Les périodes de solitude se révèlent d'excellents moments pour apprendre à vous connaître. Elles peuvent aussi vous donner l'occasion de développer une plus grande autonomie personnelle. Vivre seul nous apprend que la croyance « j'ai absolument besoin de quelqu'un pour vivre » n'est pas nécessairement vraie! Plusieurs chercheurs croient que la capacité de vivre seul améliore les chances de vivre une relation amoureuse par la suite (Branden, 1980; Safilios-Rothschild, 1981). Les gens qui ont constamment besoin des autres pour être heureux infligent à leur entourage une pression indue et difficile à supporter. La relation amoureuse devient vite douloureuse sous le mode de la dépendance! Ce comportement peut mener à un cercle vicieux dans lequel le grand besoin des autres fait fuir ceux-ci (ou les fait rester, mais pas nécessairement pour des raisons très reluisantes...) et la personne qui éprouve cet immense besoin se retrouve alors seule.

Voici maintenant quelques suggestions pour vaincre votre solitude... ou l'apprivoiser.

1. DITES-VOUS QUE VOUS N'ÊTES PAS L'UNIQUE PERSONNE À ÊTRE SEULE. Pour vous le prouver, dressez une liste de tous les célibataires que vous connaissez. Amis, collègues, voisins...

2. RAPPELEZ-VOUS QUE VOUS N'ÊTES PAS VRAIMENT SEUL : vous avez fort probablement des amis, de la famille et des connaissances. Faites une liste de ces personnes. Profitez-en pour en appeler certaines...

3. DITES-VOUS QUE CELA EST NORMAL DE SOUFFRIR DE SOLITUDE À CERTAINS MOMENTS DE LA VIE... Dieu merci, ça passe!

4. PRENEZ UNE CERTAINE RESPONSABILITÉ PAR RAPPORT À VOTRE SOLITUDE et à la possibilité de la vaincre. Allez au devant des gens : soyez en contact avec eux!

5. JOIGNEZ-VOUS À UN GROUPE : cyclotourisme, tennis, randonnées pédestres, le choix des passions est vaste!

6. PROFITEZ DE CE MOMENT DE SOLITUDE POUR ENTREPRENDRE CE QUE VOUS AVEZ TOUJOURS VOULU FAIRE. Les cours de vitrail ou de delta-plane sont à vous... et à d'autres personnes qui partagent votre goût de la création ou du risque!

7. ACCORDEZ-VOUS DES MOMENTS DE DÉTENTE... que l'autre n'aurait peut-être pas pris plaisir à partager : bain moussant interminable aux chandelles flottantes, coups de ballon ou de patins à roues alignées régénérateurs...

8. TROUVEZ UN PROJET STIMULANT dont l'exécution ne dépend que de vous : cette commode que vous avez toujours voulu décaper, cette longue marche en montagne qui vous attire (rien ne vous empêche de vous joindre à un groupe!), ce jardin de rocailles à réaménager...

9. PLACEZ-VOUS DANS UNE SITUATION QUI FAIT DU BIEN AUX AUTRES COMME À VOUS-MÊME : le bénévolat! Une heure par semaine ou un après-midi par mois, choisissez votre rythme! Et si c'est trop, entraînez-vous pour le nage-o-thon annuel!

10. LISEZ CE LIVRE! Pour aller à la recherche de l'âme sœur... et de l'autre, tout simplement.

2

Savoir regarder...
pour trouver

J'ai fait le tour du monde. J'ai cherché dans les plus grandes villes, scruté les campagnes les plus éloignées. J'ai gravi les plus hauts sommets. J'ai bourlingué sur toutes les mers en m'arrêtant dans chaque port. J'ai crié à tous ceux qui voulaient l'entendre que je la recherchais. Découragé, je suis revenu vivre dans mon quartier. Un jour, dans mon parc préféré, sur mon banc habituel, elle était assise paisiblement, lisant mon auteur favori.

Dans notre quête de l'âme sœur, nous regardons partout... sauf à côté de nous. Par réflexe ou en réaction à certaines pressions sociales, nous recherchons souvent des personnes différentes de nous. Nous faisons la sourde oreille aux vieux dictons «qui se ressemble s'assemble» et «loin des yeux, loin du cœur». Mais le devons-nous? Voyons ce que nous révèlent les études en psychologie.

Qui se ressemble s'assemble

Je me souviens d'un cours de psychologie sociale à l'université McGill où le professeur Don Taylor discutait des mariages arrangés, phénomène plutôt courant chez certaines cultures. Dans ces mariages, les parents, habituellement les pères, choisissent la personne qui se mariera avec leur enfant. L'évocation de cette façon de créer des relations intimes durables me rendait triste. Pourquoi priver ces jeunes de la liberté de choisir la personne avec qui ils désirent s'unir? Comment pourront-ils vivre ensemble avant même de se connaître l'un et l'autre? Le professeur Taylor sembla lire dans mes pensées et poursuivit son exposé en nous rassurant tout de suite. Il affirma que, contrairement aux croyances populaires de notre culture nord-américaine, les mariages arrangés ne font pas que des malheureux. Ces mariages réussissent souvent, dit-il, car ils obéissent à certains principes en psychologie concernant les relations de couple heureuses. Quels sont ces principes? Les mariages arrangés, comme les relations de couple durables et harmonieuses dans notre culture, associent des gens qui, à bien des points de vue, se ressemblent.

Les recherches en psychologie le démontrent : «qui se ressemble s'assemble», et ce, pour plus longtemps et de façon plus satisfaisante. Les personnes vivant une relation de couple heureuse se ressemblent sous plusieurs aspects. Elles sont habituellement de la même religion et de la même origine ethnique, de niveaux de scolarité et socioéconomiques comparables, et approximativement du même âge. Les partenaires affichent également des attitudes comparables dans les domaines importants de la vie, et leur apparence physique est équivalente.

Pour illustrer ce principe par son contraire, prenons l'exemple du défunt couple le plus célèbre de la planète : le prince Charles et la princesse Diana. Premièrement, personne ne s'opposera à l'affirmation que le couple ne jouissait pas d'une apparence physique équivalente! Ensuite, le prince Charles se révélait plus scolarisé et cultivé que Diana. De plus, les partenaires n'étaient pas issus du même milieu social : difficile de trouver quelqu'un du même milieu lorsqu'on appartient à l'une des plus prestigieuses familles royales! Et si Diana était une *Lady*, fille de la noblesse, les spécialistes de la monarchie soulignent malgré tout l'écart hiérarchique entre elle et la famille royale. Par ailleurs, si l'on n'a pas évalué scientifiquement leur personnalité, les reportages sur le couple suggèrent que le prince et la princesse possédaient des personnalités très différentes. Quatre ou cinq prises et vous voilà retiré! La reine eut beau exercer des pressions pour éviter le divorce, certains principes de base en psychologie n'ont pas été respectés et semblent avoir eu raison du couple... au grand désarroi de Sa Majesté!

En dehors de la famille royale...

Revenons au principe de la ressemblance. Les études suggèrent que le fait de se ressembler facilite l'union initiale. Il s'agit donc d'un élément important; car sans contact initial, pas de relation possible! Pour établir la preuve de ce phénomène, le chercheur Byrne et ses collègues ont choisi des étudiants d'université selon leurs attitudes vis-à-vis de plusieurs aspects de la vie grâce à des tests psychologiques. Ils ont ensuite formé des couples de sexe opposé en leur demandant simplement de prendre un verre (de boisson gazeuse!) ensemble. Notez que les étudiants ne se connaissaient pas au préalable. Les chercheurs ont formé deux groupes de couples : l'un ayant des attitudes semblables et l'autre, des attitudes différentes. Après la sortie, les couples devaient, de manière confidentielle, évaluer leur partenaire. Devinez quoi? Les partenaires avec des attitudes semblables se montraient plus attirés l'un par l'autre que ceux aux attitudes différentes. Le simple fait de partager avec quelqu'un qu'on connaît peu les mêmes attitudes dans plusieurs domaines importants améliore les chances d'une attirance mutuelle. Attirance on ne peut plus nécessaire au développement d'une relation durable.

Le phénomène de ressemblance serait non seulement essentiel à la formation d'une relation, mais serait en partie garant de sa survie et de la satisfaction à long terme de celle-ci. Les études de Thelen, Fishbein et Tatten (1985) ainsi que de Caspi et Harbener (1990) démontrent que les couples ayant des personnalités semblables, mesurées par des tests psychologiques sophistiqués, se disent plus heureux en amour que les couples avec des personnalités foncièrement différentes.

Le facteur de succès à long terme

On pourrait croire que la relation entre le fait d'avoir des personnalités compatibles et la satisfaction amoureuse relève du «gros bon sens». N'est-il pas plus facile de s'entendre au quotidien avec quelqu'un qui a un tempérament semblable à soi, des goûts comparables, etc., qu'avec quelqu'un qui partage peu d'affinités? Ce qui surprend, c'est que ce principe est également valable pour quelque chose d'aussi superficiel que l'apparence physique (ou cote de beauté). Une étude de Folkes (1982) sur les pronostics des relations naissant dans le cadre d'une agence de rencontres révèle que plus les membres d'un couple sont d'apparence physique équivalente, meilleures sont les chances que la relation se poursuive. Le même phénomène s'observe chez les couples en relation depuis longtemps

(White, 1980b). En fait, plus les couples, jeunes ou moins jeunes, se ressemblent sur ce plan, plus l'amour s'intensifie et moins il y a de risques de séparation.

Le vieil adage «qui se ressemble s'assemble» se voit donc corroboré par la littérature scientifique. Mais pourquoi? Si les recherches n'expliquent pas encore clairement le phénomène, on pense que c'est tout simplement rassurant d'être avec des gens comme nous. Cela nous permet de nous considérer comme normaux et d'estimer adéquate notre façon de voir la vie! Une personne plus riche, plus cultivée et de plus belle apparence physique que nous... nous rappelle ce que nous ne sommes pas. De quoi ébranler la confiance en soi! D'un autre côté, la personne plus avantagée à certains égards peut éprouver un sentiment de culpabilité du fait qu'elle a plus que nous. Un sentiment tout aussi difficile à supporter que l'atteinte à l'estime de soi.

Iniquité égale danger!

L'iniquité, entre autres sur le plan de l'apparence physique, risque donc d'engendrer de l'inconfort et des tensions au sein du couple. Par exemple, si nous fréquentons une personne de plus belle apparence physique que nous, comment allons-nous réagir lorsqu'elle recevra de façon répétée plus d'attention et plus de compliments que nous?

Le même phénomène se produit quand il s'agit de scolarité. Les gens qui ont poursuivi de longues études risquent de ne pas trouver suffisamment de stimulation intellectuelle chez quelqu'un qui n'a pas été à l'école longtemps. Inversement, la personne moins scolarisée peut trouver son partenaire plus instruit un peu trop sérieux et intello, bref, pas rigolo. De plus, elle pourra se sentir inférieure, ce qui suscitera, il va sans dire, des tensions importantes dans le couple. Sans compter que l'iniquité sur le plan de la scolarité amène souvent des différences – irréconciliables parfois – sur le plan des valeurs et des objectifs.

Un petit exercice...

Ce principe de psychologie s'applique-t-il aux amis et aux couples de notre entourage? Pensons en premier aux gens que nous aimons. Qu'ont-ils en commun avec nous? À l'inverse, pensons aux personnes que nous aimons moins et que nous évitons. Et les couples parmi nos connaissances? Obéissent-ils aux règles de la ressemblance? Semblent-ils heureux? Pensons maintenant aux couples qui éprouvent des difficultés importantes et qui songent même à la séparation. Réfléchissons également à nos relations antérieures. Parmi celles qui ont échoué, combien n'obéissaient pas aux principes de la similarité? Qu'on se rassure : il n'y a pas de bonnes ou de mauvaises réponses... seulement d'intéressantes amorces de réflexion!

Un piège très tentant

Je vois tellement de clients qui s'entêtent à rechercher le prince charmant ou la fée des étoiles (les beaux, bons, riches et célèbres) alors qu'ils ne le sont pas eux-mêmes, comme la plupart d'entre nous d'ailleurs. Lorsque ces personnes entrent en relation, ne serait-ce que pour un court moment, elles vivent toutes les complexités qu'une telle relation, forcément inégale, implique. Certes, plusieurs raisons peuvent motiver le choix d'une relation. J'élaborerai sur ce sujet plus tard. Pour le moment, je mentionne simplement qu'il s'agit presque d'un réflexe de rechercher ce qui est considéré comme socialement désirable (argent, vêtements signés, voiture de luxe, etc.). C'est donc normal de se faire parfois prendre au piège lorsqu'on recherche la personne idéale telle que la société la décrit. Normal certes... mais pas nécessairement souhaitable!

Pretty Woman, c'est au cinéma!

L'un de mes clients, Marc, me décrivit un jour sa relation avec une jolie fille de statut social supérieur au sien. Selon mes déductions, ils étaient d'apparence physique équivalente, de la même religion et de niveau de scolarité comparable. Jusque-là, tout va bien. Cependant, dès les premières sorties, Marc s'est rendu compte de l'impact négatif de leur différence de statut social. Fille d'un riche homme d'affaires, son amie avait l'habitude des bonnes tables et des boîtes huppées. Elle ne portait que des vêtements signés et se promenait en voiture sport. Marc, étudiant en droit à l'époque, subvenait à ses besoins grâce aux prêts étudiants et ne pouvait suivre le rythme de vie de son amie qu'au risque de se diriger tout droit vers la faillite! Pour leur première soirée intime, il passe prendre son amie chez elle... en autobus, à l'étonnement de sa compagne. Après trente minutes d'autobus et d'attente sous la pluie, ils arrivent à un restaurant qui offre la formule de repas préférée de Marc: le buffet chinois! Son amie préfère la cuisine et les restaurants asiatiques plus raffinés. Mal partie, cette soirée! D'autant qu'il refuse l'offre d'apéritif de la serveuse, pensant à son maigre budget disponible pour offrir le repas à son nouvel amour. Son amie insinue alors, poliment bien sûr, qu'il est rare qu'elle ne prenne pas de vin aux repas. Marc avoue timidement qu'il aimerait lui en offrir, mais que ses moyens financiers, en tant qu'étudiant, ne le lui permettent pas. Ainsi se déroule leur première soirée… (Certains diront qu'elle n'avait qu'à offrir le vin ! Il semble que cela ne soit pas inscrit au scénario de la fée des étoiles et, qui sait, Marc en aurait peut-être été – à tort ou à raison – offusqué. Nous en reparlerons au chapitre « La séduction en action ».)

Lors d'une rencontre subséquente, il est invité à un souper gastronomique au club de golf du père de son amie. À son arrivée, le maître d'hôtel l'interpelle et l'informe que le port du veston est obligatoire dans la salle à manger. Marc ne possédait pas de veston ! Sa compagne fulminait…

L'histoire d'amour de ce couple a duré seulement quelques mois, au grand dam de Marc qui désirait cette relation avec quelqu'un d'un autre statut que lui. Non, les choses ne finissent pas toujours aussi bien qu'au cinéma !

Les contraires s'attirent… ?

Oui, mais… Ne dit-on pas que « les contraires s'attirent » ? Qu'en est-il de la validité de ce dicton qu'on utilise tout aussi souvent que celui évoqué précédemment ? Selon ce proverbe, on s'attendrait à voir les individus à la personnalité dominante en relation avec des personnalités soumises, les timides avec les extravertis, les matérialistes avec les humanistes, etc. D'après ce qu'on vient de constater pour la similarité, on peut prédire que ce dicton ne trouvera pas beaucoup de soutien scientifique. En effet, à l'exception d'une controverse selon laquelle les hommes riches et pas nécessairement de belle apparence forment parfois des couples avec des femmes plus jolies et plus jeunes (le syndrome de Pygmalion), peu d'études le corroborent.

Bref, les contraires peuvent s'attirer et même s'attiser… mais la relation amoureuse ne fera pas long feu! Pygmalion préfère sans doute conjuguer la passion sous les feux de la rampe que dans nos salons!

Et la complémentarité, alors?

On entend souvent des couples dire : «Nous ne sommes pas semblables, nous sommes complémentaires.» Bien sûr, des alliances peuvent se former à partir de complémentarités à plusieurs niveaux. Évitons de penser en termes d'absolu! On peut se ressembler en regard de certaines caractéristiques, l'apparence physique par exemple, et différer sur d'autres comme la religion, le degré de scolarité, etc. Toutefois, les couples de ce genre se montrent souvent encore plus semblables sur d'autres plans, et les choses s'équivalent finalement! Certains couples heureux se pensent différents, mais sans l'être vraiment! Chacun d'entre nous aime se croire différent et unique dans la vie : parlez-en aux jumeaux identiques…

Loin des yeux, loin du cœur

Nous n'allons sans doute pas jusqu'à naviguer sur toutes les mers en nous arrêtant dans chaque port pour trouver la personne qui nous convienne, mais nous avons tendance, souvent sans résultat, à regarder très loin de nous.

L'adage «loin des yeux, loin du cœur» peut nous apporter un peu de sagesse... À condition de le paraphraser : près des yeux, près du cœur! Les psychologues ont étudié la croyance selon laquelle nous avons plus de chances d'être attirés par des gens de notre entourage. Les recherches démontrent que les sentiments d'affection se développent davantage envers des personnes que nous côtoyons. La proximité faciliterait de beaucoup le développement d'une relation.

Des études classiques ont examiné la croyance selon laquelle se situer géographiquement près de quelqu'un améliore les chances d'éprouver des sentiments positifs à son égard et même l'amour! Les chercheurs ont étudié la relation entre l'endroit où une personne a son appartement dans un édifice et ses chances d'amorcer des relations avec quelqu'un. Ces études révèlent que les gens vivant au même étage d'un immeuble résidentiel ont plus de chances de développer des relations entre eux qu'avec les résidants d'un autre étage. De même, les personnes qui habitent au centre de l'immeuble développent plus de relations que celles vivant aux extrémités. Ainsi, le choix de l'endroit précis où nous travaillons, vivons, sortons, etc., déterminera avec qui nous entrerons en relation.

Cependant, la proximité n'engendre pas toujours des effets bénéfiques. Le fait de vivre proche intensifie aussi les sentiments négatifs. Vivre en proximité semble donc intensifier nos sentiments. Si nous aimons un peu quelqu'un au départ, vivre près de lui devrait augmenter notre affection. En contrepartie, si la tête de quelqu'un ne nous revient pas, le fait de côtoyer cet individu peut nous amener à le détester. La proximité ne garantit pas la qualité de nos relations, mais elle semble très importante pour leur développement et leur maintien. Loin des yeux...

Un peu de pratique!

Oui, mais... La théorie vous laisse songeur ou sceptique? Rien de tel que de mettre en pratique ce que nous venons d'évoquer. Nous savons que nous multiplions nos chances d'amorcer et de maintenir des relations satisfaisantes avec des gens dont la personnalité ressemble à la nôtre. Les études suggèrent également qu'il s'avère plus facile de développer le contact initial avec des personnes de notre entourage. Voici quelques conseils pour mettre en application ces recherches, histoire de voir qu'à la fruiterie on ne trouve pas que des mangues ou des endives.

◆ Portez une attention particulière aux endroits que vous fréquentez.

Dressez une liste d'endroits où vous avez des contacts sociaux.

Il peut s'agir de votre club sportif, du comité auquel vous siégez, de votre voisinage, des commerces que vous fréquentez régulièrement : le grand marché d'alimentation ou la fruiterie de quartier (nous y voilà, surveillez les visages dans les allées, pas juste la fraîcheur des étalages!), la pharmacie ou la buanderie, les cafés, les restaurants et, bien sûr, les bars. N'oubliez surtout pas votre travail! (Et lisez notre capsule «L'amour au travail» dans le chapitre sur la séduction en action, elle contient de légères mises en garde.)

Dressez une liste des personnes que vous rencontrez en ces endroits...

... et que vous jugez, à première vue, attrayantes. N'utilisez aucun autre critère et donnez des pseudonymes aux personnes que vous ne connaissez pas personnellement (ex. : le petit brun). Pour chaque personne que vous jugez attrayante, notez votre degré d'attirance sur une échelle de 0 à 10 (plus c'est subjectif, mieux c'est!). Ensuite, notez le plus précisément possible en quoi ces personnes vous ressemblent. Bien entendu, vous en connaissez certaines plus que d'autres et vous pourrez donc noter davantage d'éléments. Pour celles que vous connaissez moins, notez simplement vos observations, c'est-à-dire ce qui se voit à l'œil nu (l'âge approximatif, les goûts vestimentaires, l'apparence physique, etc.). Pour les personnes que vous connaissez davantage, notez aussi leurs attitudes par rapport à la vie, leur degré de scolarité et leur situation socio-économique. Vous ne pourrez malheureusement pas faire passer des tests de personnalité! Enfin, classez les personnes que vous jugez désirables par ordre de ressemblance avec vous. Sur votre liste, combien vous ressemblent? Quelles sont celles qui vous ressemblent le plus? Bien sûr, certaines ne seront pas – hélas! – célibataires. La personne en couple aujourd'hui a 50 % des «chances» d'être célibataire demain; n'excluez donc personne... mais portez davantage attention aux gens que vous savez disponibles.

◆ Avez-vous constaté que plusieurs personnes de votre entourage ont des points en commun avec vous?

Par exemple, les gens de votre centre sportif se soucient probablement de leur apparence physique ou de leur santé, tout comme vous. Par ailleurs, si ces personnes s'exercent régulièrement, elles ont probablement un physique aussi attrayant que le vôtre (à condition de vous montrer assidu!). De plus, si vous avez choisi un centre de conditionnement physique près de chez vous, il s'agira vraisemblablement d'individus du même niveau socioéconomique que le vôtre, le prix du logis étant souvent déterminant sur ce plan. En retour, les personnes de même niveau socioéconomique sont souvent – pas toujours, il est vrai! – de même niveau de scolarité et ainsi de suite. Bien sûr, il existe des exceptions et des diversités de trajectoires...

◆ Appréciez l'importance des endroits que vous fréquentez pour le choix de vos relations.

Si, par exemple, vous fréquentez un club de santé hors de votre quartier parce qu'il offre de bons prix, il apparaît moins probable d'y rencontrer des gens qui auront des points en commun avec vous, à l'exception du fait qu'ils aiment les aubaines! D'où l'importance de vous montrer vigilant dans le choix des endroits que vous fréquentez.

◆ Fréquentez les mêmes endroits plus régulièrement afin de devenir familier avec les gens.

L'une des raisons pour laquelle la proximité des gens influence nos sentiments vis-à-vis d'eux est que nous devenons plus familiers. La familiarité intensifie nos sentiments. Il est donc préférable de s'en tenir au bar que nous aimons plutôt que de faire la tournée des grands ducs si nous voulons améliorer nos chances de relation durable.

Maintenant que l'on sait mieux regarder pour trouver, que fait-on? Attendre le bon moment? Et si l'on se préparait aux rencontres en apprivoisant la peur ou l'anxiété liée aux relations amoureuses? À moins qu'on ne sente que la peur, ce n'est pas pour soi... Voyons voir!

3

Les relations amoureuses et l'anxiété

Je prends le téléphone. Je raccroche. Je reprends le téléphone. Et si elle me trouvait trop entreprenant? Je raccroche de nouveau. Mon cœur bat à cent à l'heure. Je reprends encore le téléphone. Le combiné glisse entre mes mains moites. Je compose. Mauvais numéro. Mon doigt tremblotant a dû mal composer. Je dépose une fois de plus le combiné. Mes pensées défaitistes défilent dans toutes les directions. Je me sens moi-même comme un mauvais numéro! Elle ne voudra pas de moi et j'aurai l'air ridicule. Je remets le supplice à plus tard. Je me sens soulagé de cette anxiété... et impuissant. Impuissant de ne pas avoir le courage de téléphoner. Soudain, le téléphone sonne... «Bonjour Jacques, euh... je me demandais si tu voulais... si tu voulais sortir avec moi... ce week-end», me propose Catherine timidement. Sa voix très hésitante trahit son anxiété. Ouf!

Aujourd'hui comme à l'époque des Grecs et des Romains, les relations amoureuses, quoique désirables, peuvent être une source d'anxiété intense. Pour les Grecs, l'amour était une sorte de folie incompatible avec le mariage! Au début de l'époque romaine, on considérait l'amour comme un tourment à éviter à tout prix. Encore aujourd'hui, dans plusieurs cultures, l'amour comme raison principale du mariage demeure l'exception. Ici, en Amérique du Nord, il semblerait que cela soit plutôt la règle : la plupart du temps, on entend se marier ou vivre ensemble pour l'amour en dépit de la dose d'anxiété qu'il peut infliger.

Il est plus dangereux de tomber en amour que du haut d'une falaise.

Plaute, Trinummus, 238; IIe s. av. J.-C.

Mais pourquoi l'amour est-il une source d'anxiété? Ce phénomène se comprend facilement si l'on examine les mécanismes de l'anxiété. Freud avait décrit cette dernière comme un signal de danger. Un peu comme le système d'alarme d'un domicile qui se déclenche lorsque l'intrus tente d'y pénétrer, les êtres humains possèdent un système d'alarme physique et psychologique qui s'active au moment de la perception d'un danger. Le cerveau, le centre de contrôle du système d'alarme de l'individu, reçoit et analyse les messages de l'environnement. Lorsqu'il perçoit un danger, il sécrète des hormones de stress, les cathécolamines. Ces messagères se transportent dans le sang et demandent aux organes et aux muscles du corps de se préparer au danger. Le cœur se met à battre rapidement afin de pomper et de bien distribuer le sang à travers le corps. Le pancréas libère du sucre dans le sang afin d'énergiser le corps et les muscles. Ces derniers se contractent et préparent l'individu à l'action.

Cette réaction d'alarme, quoique désagréable, est essentielle à notre survie. Dans son livre *Stress sans détresse*, le docteur Hans Selye, un chercheur canadien pionnier dans l'étude physiologique du stress, affirme que l'absence de réaction de stress équivaut à la mort. Imaginez que votre véhicule tombe en panne sur une traversée ferroviaire et qu'un train s'approche à grande vitesse. Vous avez besoin d'un système d'alarme efficace pour vous faire réagir le plus rapidement possible afin d'éviter la tragédie. C'est ce que votre système nerveux fera. (Une fois la tragédie évitée, ce système vous stimulera assez pour aller engueuler le garagiste qui a oublié de rebrancher les bons fils!)

Les symptômes de l'anxiété

L'ennui avec l'anxiété, c'est que le système perçoit le danger là où il n'y en a pas vraiment. Un peu comme si notre système d'alarme se montrait trop sensible... Ces fausses alertes créent les symptômes désagréables de l'anxiété. Ces symptômes se divisent en trois catégories : physiques, cognitifs et comportementaux.

Vous reconnaîtrez facilement les symptômes physiques de la réaction anxieuse : palpitations (battements cardiaques accélérés), tremblements, sueurs ou transpiration, modification du rythme respiratoire, rougissement, douleurs abdominales, étourdissements, tension musculaire à plusieurs endroits. Quant aux symptômes cognitifs de l'anxiété, il s'agit d'interprétations ou de pensées irréalistes, parfois même catastrophiques, d'une situation. Enfin, les symptômes comportementaux se manifestent la plupart du temps par un évitement plus ou moins prononcé de la situation anxiogène ou par une diminution de la performance en situation de stress. Autrement dit, nous avons tendance à éviter ce qui nous rend anxieux ou à bafouiller quand nous nous décidons à foncer.

L'exemple placé en début de chapitre illustre bien l'enchaînement des principaux symptômes de l'anxiété chez Jacques, qui tente d'amorcer une relation avec Catherine. D'abord, sur le plan cognitif, l'exemple nous offre un échantillon des pensées défaitistes de cet homme : «Elle va me trouver trop entreprenant»; «Elle ne voudra pas de moi»; «Je suis un mauvais numéro». Les pensées de Jacques suggèrent probablement une peur importante du jugement ou du rejet. Téléphoner à Catherine a donc été perçu comme un signe de danger. Le train s'en vient! Le système d'alarme s'est alors activé. L'homme a éprouvé plusieurs symptômes physiques : palpitations, tremblements, transpiration, etc. Enfin, il a quitté la voie ferroviaire... Il a fui la situation «dangereuse» en raccrochant le combiné! Fausse alerte. Il n'y avait pas de train et donc pas de danger de mort ou de blessure physique qui nécessitait une telle réaction physique et un comportement de fuite que les psychologues qualifient d'évitement phobique.

En contrepartie, Catherine, qui visiblement n'a pas fait d'évitement en téléphonant à Jacques, a cependant manifesté plusieurs des symptômes comportementaux de l'anxiété. Elle parlait d'une voix hésitante et est restée momentanément figée, ne sachant pas trop quoi dire. Cela ressemble fort au trou de mémoire qui survient lorsqu'on s'apprête à prononcer un discours. Certains psychologues croient même que cette dernière manifestation de l'anxiété serait un vieux réflexe hérité de la préhistoire. Mécanisme adaptatif à cette époque, le fait de figer à des instants de grands dangers protégeait l'individu contre les attaques mortelles d'animaux (Markway et al., 1992). En s'immobilisant, l'individu évitait de faire des gestes impulsifs pouvant mettre sa vie en danger. De plus, rester sans bouger devenait une sorte de camouflage lorsque la fuite ou le combat se révélait impossible. Encore une fois, on peut trouver d'excellentes explications pour comprendre notre réaction anxieuse. Cependant, nous ne vivons plus à l'époque des hommes et des femmes des cavernes, et les relations intimes ne constituent pas des dangers mortels !

En matière de relations amoureuses, l'anxiété sociale prédomine. Affectant principalement nos contacts avec les gens, cette forme de timidité varie des niveaux léger à extrême. Dans les cas légers, l'anxiété sociale peut nous empêcher d'aller vers certaines personnes ou du moins retarder la prise de contact avec elles. Dans les cas extrêmes, les individus souffrant d'anxiété sociale évitent par tous les moyens possibles les contacts humains. Ils ont peu d'amis et pour eux, les situations sociales inévitables comme faire le marché, aller au boulot ou consulter un médecin ne se vivent que dans la peur. Ces personnes souffrent de phobie sociale. Il s'agit d'un trouble anxieux spécifique qui afflige plus de 10 % de la population selon les plus récentes études épidémiologiques. Serez-vous étonné d'apprendre que chez les phobiques sociaux, les rencontres amoureuses arrivent au premier rang des peurs ?

Mais il ne faut pas nécessairement souffrir de phobie sociale pour que les relations intimes deviennent une source d'anxiété ! Une étude de Glass, Gottman et Shmurak (1976) menée auprès d'étudiants démontre que, pour plus de 50 % d'entre eux, les situations sociales liées aux relations intimes (particulièrement en ce qui concerne l'anxiété dans l'action de courtiser, ce que les Américains appellent le *dating*) sont les plus difficiles. Selon une étude de Borkovec, Stone, O'Brien et Kaloupek (1974), plus du tiers des étudiants manifestent de la peur lorsqu'ils rencontrent une personne de sexe opposé pour la première fois. Il n'est donc pas étonnant que les problèmes liés aux relations intimes constituent l'une des plus fréquentes raisons de consultation des services psychologiques des universités.

Isabelle consulte parce qu'elle est déprimée et éprouve un sentiment de solitude intense. Cette étudiante venait de subir un rejet de la part d'un condisciple qu'elle avait connu au bar de l'université. Ils s'étaient fréquentés plutôt régulièrement durant trois semaines, après quoi son nouvel ami a cessé de lui téléphoner et même de répondre à ses messages. Même si elle savait pertinemment qu'on ne lui avait jamais laissé entendre que la relation deviendrait sérieuse, et que celle-ci n'avait duré que trois agréables semaines, elle était devenue, depuis plusieurs mois, anxieuse dans ses relations sociales avec les hommes. Elle évitait les parties et n'était plus retournée au bar où sa dernière rencontre s'était produite. Elle faisait de l'évitement phobique. En questionnant Isabelle, je me suis rendu compte que cette fille populaire auprès des garçons venait de subir trois rejets consécutifs. Elle avait perdu confiance en elle dans ses relations avec les hommes et avait commencé à douter d'elle-même de façon générale. Elle disait qu'elle avait perdu son charme, qu'elle avait probablement une «personnalité défectueuse» et qu'elle resterait seule toute sa vie, car personne ne voudrait d'elle. Ces rejets et leur interprétation ont suffi pour créer l'anxiété sociale d'Isabelle.

Les causes de l'anxiété : les événements antérieurs et nos pensées irréalistes

Chat échaudé craint l'eau froide

Le cas d'Isabelle illustre bien les causes principales de l'anxiété dans les relations intimes. Dans leur livre

Dying of Embarrassment («Mourir d'embarras»), les psychologues Markway, Carmin, Pollard et Flynn notent qu'une série d'expériences sociales traumatisantes, comme plusieurs rejets consécutifs, pourrait être à l'origine de l'anxiété sociale. Dans le même sens, les psychologues du comportement, les béhavioristes, affirment que notre comportement actuel est le fruit de nos expériences passées et n'a presque rien à voir avec notre personnalité ou d'autres processus psychiques conscients ou inconscients. Si je me sens bien dans mes relations intimes, c'est que j'ai vécu, dans l'ensemble, de belles expériences et vice versa. Plus précisément, notre comportement actuel dans une situation résulte du degré de succès ou d'échec dans ce genre de situation. Plus les expériences sont positives, plus notre comportement s'en trouve renforcé ou encouragé. Plus les expériences sont négatives, plus le comportement est découragé.

Dans ses expériences classiques, le père du béhaviorisme contemporain, B.F. Skinner (1904-1990), *apprend* à ses rats à appuyer sur un levier pour obtenir de la nourriture. La nourriture donnée aux rats pour leur action renforce ce comportement d'appuyer sur le levier... avec détermination! Si l'on cesse de leur donner de la nourriture ou si l'on remplace la nourriture par de légers chocs électriques, les rats apprennent rapidement à éviter le levier! Selon les béhavioristes, ces bons vieux principes de punition et de récompense agissent sur nous et risquent de causer de l'anxiété dans nos relations. Ces principes ont également souvent cours dans l'éducation des enfants. Ces derniers voient leurs bonnes actions approuvées (la fameuse récompense!) par des cadeaux, des mots d'encouragement. À l'inverse, les comportements indésirables sont punis afin de diminuer leurs fréquences. Dans le cas des relations intimes, la nature des relations antérieures (bonnes ou mauvaises) est à l'humain ce que la nourriture ou les chocs sont aux rats. Voilà ce qui s'est produit avec Isabelle. Trois échecs consécutifs ont découragé son comportement d'aller vers l'autre. Contrairement à ce qu'elle croyait, rien ne clochait dans sa personnalité. Mais tout comme le chat échaudé qui craint l'eau froide, la personne qui subit une série de rejets craint les nouvelles relations.

Heureusement, nous ne sommes pas des chats. Notre cerveau, plus développé, nous permet de réfléchir! En fait, selon d'autres psychologues, les cognitivistes, c'est notre pensée et pas seulement nos expériences qui serait à la source de nos émotions et des comportements qui en résultent. Ainsi, nous pouvons vivre une série d'événements désagréables, voire traumatisants, sans grande détresse. Il faut donc nuancer les propos de Voltaire qui écrit dans *Lettre aux grands ducs* : «Les hommes ont été, sont et seront menés par les événements.» Les événements ne sont pas nécessairement problématiques, mais notre interprétation de ceux-ci peut l'être.

Je pense donc je suis

Il y a quelques années, au centre de conditionnement physique, je discutais des relations intimes avec un inhalothérapeute dans la trentaine. Comme Isabelle, il éprouvait de la difficulté à se remettre d'un rejet récent. Il avait une peur bleue de retourner sur le «marché des célibataires». Je lui ai demandé pourquoi… «Si elle m'a rejeté, c'est que je dois être un perdant. Elle semblait m'aimer au début mais plus maintenant, c'est donc signe qu'elle ne m'a jamais vraiment aimé et qu'elle ne m'aimera plus jamais non plus. Si je suis encore célibataire, c'est également signe que personne ne veut de moi...»

Cet exemple illustre bien ce que les cognitivistes (que je nommerai dorénavant les psys de la pensée) appellent des pensées irréalistes. Arron Beck, psychiatre américain, généralement reconnu comme étant le père de la psychothérapie cognitive, postule que nous entretenons fréquemment des pensées, ou une façon de voir la vie, qui ne représentent pas la réalité. Cette façon d'interpréter les situations serait la cause centrale de nos émotions. Par exemple, quelle preuve a ce jeune homme que son ex-amie ne l'a jamais aimé? Quelle preuve a-t-il qu'elle ne reviendrait plus? Est-ce fondé d'affirmer qu'être de nouveau célibataire est le signe que personne ne veut de lui?

Si nous n'intervenons pas pour modifier nos pensées, elles influenceront négativement notre comportement et donc notre façon de nous présenter. *Je pense donc je suis.* Si je pense, comme le jeune inhalothérapeute, que je suis un perdant, je vais agir en perdant. Je me promènerai la tête basse, mes propos seront hésitants et j'éprouverai de la difficulté à convaincre les autres que je mérite leur affection ou du moins leur attention. Comme le jeune inhalothérapeute après son rejet, je vais me sentir obligé de m'excuser lorsque j'invite une femme à sortir par crainte de la déranger. J'offrirai des cadeaux toutes les fois que quelqu'un accepte de sortir avec moi pour le dédommager de perdre son temps. J'accepterai que les autres me fassent passer en dernier sur leur liste de personnes à voir. En conséquence, je vais obtenir des autres... pas grand-chose! Et si je n'obtiens pas le respect ou l'affection des autres, je deviendrai de plus en plus convaincu que je suis le perdant que je croyais être au départ. *Je pense donc je suis.* Le tout devient une sorte de prophétie auto-actualisante. Un cercle vicieux qu'il faut briser.

Heureusement, si le proverbe «je pense donc je suis» est vrai, alors si je pense que je ne suis pas un perdant, je ne serai pas un perdant. C'est ce qui est à la base de la thérapie cognitive. On postule que la personne, en apprenant d'autres interprétations plus réalistes d'une situation, se sentira progressivement mieux. Si elle se sent mieux, elle agira mieux. Ce nouveau comportement modifiera la réaction de son entourage. C'est le cercle décrit précédemment qui recommence. Mais cette fois, il n'est plus vicieux!

Nous verrons en détail, au prochain chapitre, comment changer les pensées irréalistes qui engendrent parfois trop d'anxiété et de détresse dans nos relations amoureuses. Mais avant de pouvoir modifier ces pensées, il faut apprendre à les reconnaître. Selon les psys de la pensée, les humains étant ce qu'ils sont, c'est-à-dire semblables, ils commettent en général les mêmes erreurs dans leurs pensées. Les psys dressent donc une série de dix catégories de pensées irréalistes qui font que l'on se sent déprimé ou anxieux. Ces pensées sont présentées en encadré avec des exemples spécifiques aux relations amoureuses. D'un point de vue pratique, les psys de la pensée recommandent de noter minutieusement nos pensées lorsque nous nous sentons anxieux dans certaines situations. Il s'agit ensuite de déterminer dans quelle catégorie de pensées irréalistes elles se trouvent. Il est suggéré d'effectuer cet exercice quotidiennement, et ce, pendant une à deux semaines avant de commencer à changer ces pensées.

Les dix catégories de pensées irréalistes
(généralement reconnues par les psys de la pensée)

1. LE TOUT-OU-RIEN : Pour vous, les choses se divisent en deux catégories : les bonnes et les mauvaises. Votre performance laisse à désirer? Il ne vous en faut pas plus pour considérer votre vie comme un échec total.

> Exemple : Votre conjointe vous quitte et vous vous dites : «Je suis un raté!»

2. LA GÉNÉRALISATION À OUTRANCE : Il vous suffit d'un seul événement malheureux pour entrevoir une série d'échecs sans fin.

> Exemple : Vous sortez dans un bar et personne ne vient vous parler, alors que la semaine avant, vous avez eu beaucoup de succès : «Je ne pogne plus!»

3. LE FILTRE : Vous vous attardez à un petit détail négatif à un point tel que toute votre vision de la réalité en est faussée.

> Exemple : Vous arrivez au bureau avec une nouvelle coiffure. Cinq personnes s'exclament qu'elle vous va bien. Votre patron ne vous dit rien : «Ma coiffure doit être laide, car mon patron ne m'a pas fait de compliment.»

4. LE REJET DU POSITIF : Vous rejetez toutes vos expériences positives en affirmant qu'elles ne comptent pas. Vous préservez ainsi votre image négative des choses, même si votre expérience de tous les jours la contredit.

> Exemple : Vous savez très souvent comment dire les choses dans les rencontres de séduction. Un soir, vous êtes fatigué et cela ne

fonctionne pas : «Je ne sais jamais quoi dire lors des premières rencontres.»

5. LES CONCLUSIONS HÂTIVES : Bien qu'aucun fait précis ne puisse confirmer votre interprétation, vous avancez une conclusion négative.

♦ L'*interprétation indue*. Vous décidez que quelqu'un a une attitude négative à votre égard, et vous ne prenez pas la peine de vérifier si c'est vrai.

♦ L'*erreur de prévision*. Vous prévoyez le pire, et vous êtes convaincu que les faits confirment votre prédiction.

Exemple : Une personne que vous venez de rencontrer tarde à vous téléphoner : «Elle ne doit pas être intéressée.»

6. L'EXAGÉRATION (*la dramatisation*) ET LA MINIMISATION : Vous faites preuve de distorsion; autrement dit, vous amplifiez ou minimisez l'importance de certaines choses.

Exemple : Vous exagérez vos bévues ou le succès de quelqu'un d'autre et vous minimisez vos qualités ou les imperfections de votre voisin.

7. LES RAISONNEMENTS ÉMOTIFS : Vous êtes convaincu que vos sentiments les plus sombres reflètent incontestablement la réalité.

Exemple : «Je me sens comme un perdant, c'est donc que je dois être un perdant.»

8. LES «DOIS» ET LES «DEVRAIS» : Vous utilisez les «je devrais» et «je ne devrais pas» pour vous convaincre de faire quelque chose, comme s'il fallait vous culpabiliser pour y arriver. Vous suscitez en vous des sentiments de colère, de frustration et de ressentiment quand vous attribuez des «ils doivent» ou «ils devraient» aux autres.

Exemple : «Je dois absolument être parfait lors de cette première soirée de séduction.»

9. L'ÉTIQUETAGE ET LES ERREURS D'ÉTIQUETAGE : C'est la généralisation à outrance dans sa forme la plus extrême. Au lieu de qualifier votre erreur, vous vous accolez une étiquette négative... en n'y allant pas de main morte !

Exemple : Vous n'avez pas été parfait lors de votre première soirée de séduction et vous vous dites « je suis un vrai perdant » au lieu de constater : « C'est vrai, je n'ai pas été parfait, mais ce n'est pas la fin du monde. »

10. LA PERSONNALISATION : Même si vous n'en êtes pas le principal responsable, vous vous considérez à l'origine d'un événement désagréable.

Exemple : Vous sortez avec quelqu'un au restaurant et la personne est malade : « C'est de ma faute. J'ai choisi le resto. » Vous avez pourtant mangé la même chose sans tomber malade.

Heureusement, l'anxiété dans les relations intimes ne se révèle pas toujours aussi intense que dans les cas décrits précédemment. Et même si, parfois, elle l'est, grâce aux recherches effectuées depuis les vingt dernières années, l'anxiété peut être mieux contrôlée. Nous verrons comment au prochain chapitre.

Les bons côtés de l'anxiété

Pas anxieux, pas performant !

Par ailleurs, l'anxiété présente des aspects positifs. En effet, une certaine dose d'anxiété peut même stimuler notre performance dans nos relations intimes.

Avec une certaine décharge de cathécolamines (adré-naline) stimulante, on se montre souvent plus drôle, plus intelligent et plus vif. D'ailleurs, cette relation entre l'anxiété et la performance a été étudiée dans plusieurs domaines où la performance revêt de l'importance : le sport, les examens scolaires, le théâtre, etc. L'anxiété entretient une relation en U inversé avec la perfor-mance. Essentiellement, si le niveau d'anxiété est faible ou très élevé, la performance dans plusieurs domaines sera faible. Celle-ci atteint son maximum lorsque l'anxiété se situe à un niveau modéré. Lorsque l'équipe de sport numéro un affronte la dernière équipe de la ligue, plusieurs sont surpris de voir David vaincre Goliath. Pas anxieux, pas performant ! L'équipe au premier rang a éprouvé de la difficulté à se stimuler, convaincue d'obtenir facilement la victoire.

De plus, il n'y a rien comme un peu d'anxiété pour unir un couple ! Un jour, une amie me raconte une histoire de peur... et d'amour. Malgré sa peur des avions, cette femme doit les emprunter régulièrement pour son travail. Elle était sur le vol de retour pour Montréal en provenance de San Diego. Lors d'un trans-fert d'avion à Chicago, elle se retrouve assise à côté d'un homme de son âge, de belle apparence. Ils se sourient, sans plus, et l'avion décolle pour Montréal. Au dé-collage, son cœur se met à battre plus rapidement, ses mains deviennent moites et sa respiration s'accélère. Elle entend soudainement un bruit sourd, inhabituel lors des décollages. Anxieuse, elle se retourne rapi-dement vers le hublot pour regarder l'aile de l'avion. Elle remarque alors le regard inquiet de son voisin de siège qui a visiblement perçu le même bruit. Elle lui avoue sa peur de l'avion, il fait de même et ils discutent du bruit et de leurs expériences mutuelles en avion avant d'aborder d'autres sujets, histoire de se distraire de leurs peurs. Trente minutes passent et ils remarquent soudain qu'ils volent à basse altitude, qu'il fait particulièrement chaud et qu'ils ont les oreilles bouchées. Au même moment, le pilote annonce un problème de pressurisation de l'appareil qui nécessite un atterrissage rapide. L'anxiété des deux voyageurs monte. «C'est à ce moment de détresse que j'ai ressenti une intense attirance pour mon voisin, me confie-t-elle. Il me regardait avec des yeux tendres et réconfortants même s'ils trahissaient une détresse certaine. Au moment de l'atterrissage saccadé, j'ai soudainement pris la main de cet homme qui m'était inconnu moins d'une heure auparavant.» Le couple, sain et sauf, se tient encore la main aujourd'hui après dix ans de vie commune.

Il s'est probablement passé dans cette situation ce que les psychologues appellent le phénomène de transfert de l'excitation. L'anxiété et la peur vécues dans une situation se transfèrent à une personne lorsque nous nous retrouvons en sa présence. La peur de l'avion et la situation particulière d'urgence ont créé chez l'amie voyageuse des symptômes semblables à ceux qu'on ressent lorsqu'on est en amour : palpitations cardiaques, bouffées de chaleur, etc. Ces symptômes en présence de quelqu'un physiquement attrayant pour mon amie ont accentué son attirance envers cette personne au point où la jeune professionnelle était devenue amoureuse de ce parfait inconnu. Nous reviendrons plus loin sur ce phénomène important du transfert de l'excitation, car il engendre de nombreuses répercussions, bonnes et moins bonnes, dans le développement des relations. Pour l'instant, retenons qu'un peu d'anxiété ne fait pas de tort… au contraire.

En résumé, comme l'avaient remarqué nos ancêtres, l'anxiété fait partie des relations amoureuses. Cette émotion, porteuse de plusieurs symptômes physiques et psychologiques à l'occasion désagréables, affecte notre comportement. Parfois, on évite d'aller vers l'autre par crainte du rejet, nous privant ainsi des nombreux avantages que procurent les relations intimes; parfois, même si l'on a le courage de foncer, l'anxiété trop intense prend le dessus sur nos gestes et nous fait bafouiller devant l'être que l'on veut conquérir. L'anxiété nous fait donc rater des occasions, décourageant nos tentatives de conquêtes ultérieures. Cette anxiété dans nos relations amoureuses peut survenir à la suite d'une série d'échecs ou d'expériences négatives (réelles ou perçues). Elle résulte également de nos pensées irréalistes vis-à-vis des situations et de nous-mêmes. Heureusement, un niveau d'anxiété modéré ne nuira pas à notre performance, au contraire! Comme le comédien qui offre sa meilleure prestation le soir de la première, un Roméo sera plus séduisant aux yeux d'une Juliette sous le feu d'un peu de tension anxieuse. Et même si l'anxiété est une source de détresse, grâce aux recherches récentes, il existe plusieurs stratégies pour la contrôler.

4

Vaincre son anxiété dans les relations intimes

J'hésite à l'appeler. Mon cœur bat très vite et j'ai les mains moites. Je m'arrête un moment afin de prendre conscience de ce qui se produit. Je suis en train de faire de l'anxiété : voilà! C'est une réaction physique et psychologique désagréable, mais pas dangereuse. Un petit peu d'anxiété peut même améliorer ma performance en me stimulant. J'accepte les sensations. Je prends quelques bonnes respirations avant d'examiner les causes de mon anxiété. Ce n'est pas seulement le fait de téléphoner à Jacques qui me rend anxieuse, mais bien mon interprétation de cette situation. Je réalise après quelques minutes que je me dis que Jacques ne voudra probablement pas sortir avec moi et qu'il a de meilleures choses à faire. En confrontant cette pensée, je me rends compte que je ne peux pas lire dans les pensées de Jacques. Et puis, la dernière fois, c'est lui qui m'a téléphoné pour m'inviter à sortir! Alors il ne doit pas me détester tant que cela… Et s'il ne peut accepter mon invitation, c'est peut-être qu'il a prévu autre chose. On se reprendra. D'ailleurs, s'il refuse mon invitation, ce n'est pas la fin du monde. C'est une invitation à sortir, pas une demande en mariage! Je sais aussi que je peux éviter de l'appeler tout simplement et que, à court terme, mon anxiété se résorbera. Toutefois, faire de l'évitement n'est pas la meilleure façon de vaincre mon anxiété. Je dois y faire face. Je prendrai alors confiance en moi. J'y vais… «Salut Jacques, c'est Catherine…»

Les deux principaux avantages d'une meilleure gestion de son anxiété dans les relations intimes sont étroitement liés : se sentir mieux et produire une meilleure impression. Même s'il n'existe pas, comme on l'a vu précédemment, de danger réel aux relations intimes, la plupart des individus vivent de l'anxiété qui engendre des symptômes physiques et psychologiques désagréables. En plus d'amoindrir la qualité de vie des gens dans ce processus de séduction... et d'aventures potentiellement agréables, l'anxiété trop intense inhibe le comportement de l'individu et influence sa performance sociale au point où celle-ci frise parfois le ridicule. Résultat : l'anxiété trop intense diminue les chances de séduire.

Eh que c'est donc belle une fille (Refrain) (BIS)
Pourquoi faut-il que mon quotient baisse à douze quand je me trouve près d'elle ?

Chanson de l'humoriste québécois François Pérusse
(L'*album du Peuple*. Tome 5. Zéro Musique-MCA)

Afin d'aider les gens à mieux se sentir et à agir de façon optimale dans leurs relations sociales et intimes, les chercheurs en psychologie ont élaboré et validé des programmes d'intervention utilisant plusieurs techniques cognitives et comportementales (Heimberg *et al.*, 1995). Étalés généralement sur huit à quinze rencontres d'une à trois heures chacune, ces programmes diminuent de façon importante l'anxiété sociale des gens et améliorent leur performance.

L'amélioration des participants est évaluée à l'aide de tests psychologiques complétés avant et après l'intervention. L'anxiété et la performance des participants sont comparées à celles des groupes témoins. Ces recherches suggèrent une supériorité des interventions cognitives et comportementales. Non seulement les gens s'améliorent immédiatement après le traitement, mais certains continuent même de s'améliorer avec le temps, une fois la thérapie terminée. De quoi multiplier leurs chances de succès dans les relations intimes!

En quoi consistent exactement ces techniques? Au chapitre précédent, nous avons vu que les cognitivistes (les psys de la pensée) soutiennent que nos émotions, bonnes ou mauvaises, résultent de nos pensées et non pas simplement des événements. Pour les béhavioristes, ce sont plutôt nos expériences et notre comportement dans certaines situations qui affectent notre humeur. Les psys de la pensée proposent des techniques essentiellement axées sur le changement des pensées, souvent irréalistes, qui produisent des émotions désagréables, en pensées réalistes, moins empreintes d'émotions négatives. Les béhavioristes (que je nommerai dorénavant les psys du comportement), quant à eux, suggèrent des stratégies pour changer le comportement de la personne. Depuis le début des années 1980, les psychothérapeutes et chercheurs unissent les deux approches dans les programmes d'intervention; on parle maintenant de techniques cognitivo-comportementales (j'utiliserai dans ce chapitre l'expression «pensée-comportement»).

Avant de décrire plus en détail ces techniques, il est utile de savoir que la thérapie pensée-comportement est l'approche psychologique la plus mise à l'épreuve ou testée par la recherche, et ce, pour le plus grand nombre de problèmes psychologiques. Elle a été validée pour traiter la dépression, les attaques de panique, l'agoraphobie, les troubles obsessionnels-compulsifs, les phobies spécifiques (peur des serpents, des hauteurs, des ponts, etc.) et la phobie sociale. D'une popularité grandissante, les cours de gestion de stress et de qualité de vie sont généralement constitués de techniques pensée-comportement. Ces techniques jouissent en outre d'une attention marquée dans les facultés de médecine où elles sont utilisées conjointement avec les médicaments dans le cadre de programmes de traitement du sida, du cancer, des maladies cardio-vasculaires, de l'insomnie et même des problèmes de fertilité.

Non volat in buccas assa columba tuas.

(Les colombes ne tombent pas toutes rôties!)

Toutefois, la thérapie pensée-comportement ne convient pas à tout le monde et ne résout pas tous les problèmes, pas plus que ne le font d'ailleurs la plupart des psychothérapies! Elle requiert une participation active des clients qui doivent pratiquer les techniques à l'extérieur des sessions de formation. De plus, les techniques cognitives peuvent se révéler exigeantes intellectuellement et demander une bonne concentration, ce qui apparaît difficile en état de détresse profonde. Les techniques comportementales sont plus simples à saisir et elles se montrent généralement tout aussi efficaces. Cependant, comme nous le verrons plus loin, elles requièrent une bonne part de courage et de volonté.

Les programmes pour diminuer l'anxiété et améliorer la performance dans les relations intimes incluent plusieurs techniques pensée-comportement, dont l'entraînement aux habiletés sociales, qui consiste essentiellement à enseigner aux participants comment mieux se comporter pour donner bonne impression. Tout au long du livre, je reviendrai sur l'*entraînement aux habiletés sociales*, car il s'agit d'un ingrédient essentiel pour augmenter les chances de dénouement dans les relations intimes. En fait, les gens ne réussissent pas bien dans leurs relations sociales pour deux raisons : ils sont anxieux au point de bafouiller ou bien ils manquent d'habiletés sociales, ou encore ils ignorent tout simplement comment se comporter dans les relations intimes. Souvent, il s'agit d'une combinaison de ces facteurs. Les programmes d'intervention comportent donc des techniques pour diminuer l'anxiété et acquérir des comportements sociaux plus appropriés.

L'exemple de la conversation téléphonique de Rick et Beth rapportée par le professeur James P. Curran (1981) démontre comment le mélange de l'anxiété et du manque d'habiletés sociales crée un cocktail qui diminue les chances de dénouement heureux d'une relation.

RICK : Allô. Tu ne te souviens probablement pas de moi, je m'appelle Rick. Je m'assoyais derrière toi dans le cours de sociologie à la dernière session.

BETH : Oh oui, Rick. Je me souviens. Comment vas-tu ?

RICK : Bien. Je me demandais si tu étais occupée ce week-end ?

BETH : Qu'est-ce que tu veux dire ?

RICK : Bien, je présume qu'une fille aussi populaire que toi doit recevoir tellement d'invitations les week-ends qu'elle ne doit jamais être disponible.

BETH : J'ai effectivement reçu une invitation pour samedi soir.

RICK : J'aurais dû téléphoner plus tôt je crois. Peut-être que si tu n'as rien au programme on pourrait sortir vendredi ?

BETH : Qu'est-ce que tu proposes ?

RICK : Je n'ai rien prévu. Je pensais simplement que si tu n'avais rien à faire et moi non plus, nous pourrions sortir ensemble. Mais, si tu ne veux pas, je comprends et il n'y a pas de problème.

BETH : Bien, ma sœur doit venir me voir vendredi et je pensais lui faire visiter le campus.

RICK : Je comprends. Merci beaucoup quand même. Bye.

BETH : Bye Rick.

On s'entend probablement sur le fait que Rick aurait pu se comporter d'une meilleure façon afin d'améliorer ses chances. Son attitude défaitiste tout au long de la conversation ne l'a certainement pas aidé. Il aurait pu agir autrement. Voilà justement à quoi servent les *techniques d'habiletés sociales*. Elles ont pour objectif d'aider la personne, quelles que soient ses limites (manque d'expérience, série de rejets, limites biologiques), à se présenter sous son meilleur jour. C'est pour cette raison qu'une partie importante de ce livre sera consacrée aux habiletés sociales. Mais voici d'abord un aperçu des techniques pensée-comportement.

Les techniques cognitives ou comment changer ses pensées irréalistes

Le monde entier fût-il ligué contre toi, il ne peut te faire le quart du mal que tu te fais à toi-même.

Proverbe turc

La restructuration cognitive

De toutes les techniques cognitives, la restructuration cognitive est probablement la plus efficace et la plus utilisée. Selon les psys de la pensée, notre interprétation des situations, et non les situations elles-mêmes, serait responsable de nos émotions. Les pensées irréalistes que nous entretenons vis-à-vis de nous-mêmes et des situations courantes de la vie causeraient nos émotions négatives. La théorie derrière la restructuration cognitive prétend que nous possédons un contrôle sur nos pensées et que, tout comme nous avons appris ces pensées irréalistes qui nous font du mal, nous pouvons apprendre à développer des pensées réalistes. Il s'agirait de mécanismes d'apprentissage semblables à ceux mis en œuvre dans l'apprentissage des mathématiques, du français, du piano et du ski. Tout comme nous ne sommes pas nés avec la capacité de réussir la dictée de Pivot, la cinquième symphonie de Beethoven ou le slalom, nous ne naissons pas avec une façon particulière de penser. Notre façon d'interpréter les événements de la vie s'apprend, dès la tendre enfance, par notre interaction avec l'environnement et elle se poursuit tout au long de la vie. Malheureusement, nos expériences et notre environnement ne favorisent pas toujours l'apprentissage de pensées réalistes en bas âge... Comme dit le proverbe, «le poussin chante comme le coq lui apprend»!

L'identification des pensées irréalistes

La plus importante et la plus négligée de toutes les conversations, c'est l'entretien avec soi-même.

Chancelier Oxenstiern (1583-1654)

Pour les psys de la pensée, restructurer cette dernière équivaut à reconstruire petit à petit notre façon de voir la vie. Mais avant de restructurer nos pensées irréalistes, assurons-nous de bien les reconnaître. Cette étape s'avère cruciale, car un peu comme en médecine, si un mauvais diagnostic est posé, un mauvais traitement s'ensuit. Pour établir un bon diagnostic des pensées, nous devons noter ce à quoi nous pensons lorsque nous ne nous sentons pas bien. Les émotions négatives ou les symptômes physiques désagréables nous servent en quelque sorte de système d'alarme : attention, certaines pensées irréalistes viennent de s'installer! Si je ne me sens pas bien, c'est que je ne pense pas bien. J'arrête et j'écris mes pensées. Facile comme processus? Moins qu'il ne le semble à première vue. Nos pensées se révèlent difficiles à identifier, elles sont souvent automatiques (on aperçoit la plupart du temps ses émotions avant ses pensées, d'où l'importance du rôle des émotions dans le processus de détection des pensées dysfonctionnelles). Comme si la bande d'une cassette se mettait spontanément à défiler, dans certaines situations, des scénarios négatifs... Heureusement, si l'on observe ses pensées pendant plusieurs semaines, on s'apercevra facilement qu'elles sont répétitives. On imagine souvent les mêmes scénarios négatifs. Comme si l'être humain anxieux trimballait avec lui seulement quelques «cassettes» qu'il repasse et repasse... La compréhension du contenu de ces cassettes constitue une étape particulièrement importante de la restructuration cognitive. À cet effet, le guide des pensées irréalistes présenté au chapitre précédent facilite la détection des pensées qui nous font du mal.

La restructuration

Après l'étape de l'identification des pensées irréalistes vient l'étape de la restructuration. Ce processus se déroule essentiellement en deux temps. Tout d'abord, il s'agit d'établir que les pensées ne sont pas fondées dans la réalité. On remplace ensuite le scénario ou les pensées irréalistes par des pensées réalistes. L'exemple suivant illustre le processus de la restructuration cognitive dans le cadre d'une session de psychothérapie avec Nadine, infirmière dans la vingtaine.

NADINE : Je ne l'appelle pas.

THÉRAPEUTE : Est-ce que tu désires lui parler?

NADINE : Oui. Évidemment!

THÉRAPEUTE : Pourquoi alors ne pas l'appeler?

NADINE : Parce que c'est moi qui lui ai téléphoné les deux dernières fois.

THÉRAPEUTE : Où est le problème?

NADINE : S'il était vraiment intéressé, il m'aurait appelée…

THÉRAPEUTE : Quelles sont les probabilités qu'il ne soit aucunement intéressé à toi?

NADINE : Qu'il ne soit pas intéressé du tout? Je dirais faibles. Environ 10 % de chances.

THÉRAPEUTE : Quelles sont les chances qu'il soit follement amoureux de toi?

NADINE : Je ne sais pas. Je dirais aussi faibles. Environ 20 % de chances.

THÉRAPEUTE : Donc, selon toi, il y a peu de chances qu'il ne soit pas intéressé et peu de chances qu'il soit follement amoureux de toi.

NADINE : Vrai.

THÉRAPEUTE : Tu connais cet homme depuis combien de temps?

NADINE : Depuis environ un mois.

THÉRAPEUTE : Vous êtes sortis ensemble environ combien de fois?

NADINE : Cinq ou six fois.

THÉRAPEUTE : Est-ce qu'en cinq rencontres on peut connaître suffisamment une personne pour se dire en amour?

NADINE : Peut-être pas.

THÉRAPEUTE : Est-ce qu'en cinq rencontres on peut savoir si quelqu'un nous est sympa?

NADINE : Oui. Probablement.

THÉRAPEUTE : Maintenant, comment se sont déroulées les cinq rencontres?

NADINE : Merveilleusement bien.

THÉRAPEUTE : Si je comprends bien, dans les faits, le seul nuage à l'horizon pour toi, c'est que c'est toi qui as amorcé le contact les deux dernières fois?

NADINE : Oui, c'est vrai.

THÉRAPEUTE : En fait, combien de fois lui t'a-t-il appelée?

NADINE : Une dizaine de fois environ. Je dirais qu'il m'a appelée plus souvent que je ne l'ai fait.

THÉRAPEUTE : Hum…

NADINE : À bien y penser, à part les deux dernières fois, c'est toujours lui qui m'a appelée!

THÉRAPEUTE : Intéressant…

NADINE : Peut-être ai-je joué un peu trop la carte de l'indépendance.

THÉRAPEUTE : Inversons les rôles. S'il avait joué cette carte, quelle aurait été ta réaction?

NADINE : Si je me fie à ma réaction actuelle, je lui aurais dit d'aller se faire foutre.

THÉRAPEUTE : Sans te dire d'aller te faire voir, peut-être qu'il est un peu blessé par ton jeu de l'indépendance, quoique en ce moment nous n'ayons pas de preuve de cela.

NADINE : C'est possible. Si je saisis bien ce que vous me dites, au départ je pensais que c'était lui qui n'était pas intéressé alors que j'ai peu de preuves pour appuyer cela. Il est même possible qu'il pense que je ne suis pas intéressée, ce qui pourrait expliquer en partie pourquoi il ne m'a pas appelée.

THÉRAPEUTE : C'est possible.

NADINE : Je vais l'appeler.

Dans cet exemple, le thérapeute s'inspire des pensées irréalistes qu'il a identifiées pour orienter sa confrontation. Selon la liste des catégories de pensées irréalistes présentée dans l'encadré du chapitre 3 (pages 57 à 59), Nadine a d'abord *sauté aux conclusions* en affirmant que son ami ne voulait rien savoir d'elle parce qu'il ne l'avait pas appelée. Elle a ensuite fait de la *généralisation à outrance* en concluant que c'est elle qui appelait le plus souvent son ami alors que la réalité était tout autre. Enfin, elle a commis l'erreur du *filtre mental*, en portant son attention uniquement sur le fait qu'elle avait appelé son ami les deux dernières fois alors qu'il lui avait téléphoné plusieurs fois auparavant et qu'il s'était montré fort aimable au cours de toutes leurs rencontres.

Dans le processus de la thérapie cognitive, le thérapeute aide le client à confronter ses pensées irréalistes en questionnant le bien-fondé des affirmations de ce dernier. Le client apprend ainsi, directement et indirectement, comment restructurer sa pensée en observant le thérapeute à l'œuvre. Plus la thérapie avance, plus le client prend les rênes et restructure lui-même sa pensée sous le regard attentif du thérapeute. De façon générale, le client vérifie la véracité de ses pensées en apprenant à les questionner et à les mettre en doute. Voici quelques exemples de questions :

— Ai-je des preuves ?

— Quelles sont les chances que ce que j'anticipe comme conséquence négative se produise ?

– Quelles sont les probabilités que ce que je pense soit vrai sur une échelle de 0 à 100?

– Y a-t-il d'autres interprétations possibles pour expliquer ce qui se passe?

Ces questions sont autant de cartes dans votre jeu... Utilisez-les!

Personne n'a de chance tous les jours.

Bacchylide, pour Hiéron de Syracuse, Ve s. av. J.-C.

Objection!

Oui mais... que faire si, dans la réalité, que dis-je, dans la vraie vie, je ne jouis pas du meilleur des sorts? Que faire si je ne suis pas le plus beau, le plus charismatique et le plus adroit des êtres dans mes relations intimes? Si l'on me laisse souvent tomber? Certaines personnes peuvent éprouver plus de difficultés que d'autres dans leurs relations amoureuses. Cependant, même si un scénario amoureux semble sombre pour quelqu'un à un moment particulier de sa vie, cela ne signifie pas que la situation a toujours été sombre et qu'elle le sera toujours. Il importe de s'en rendre compte! De plus, il est possible qu'on éprouve des difficultés en amour, mais qu'ailleurs les choses n'aillent pas si mal. L'ennui lorsqu'on vit des échecs (encore faut-il qu'il s'agisse de véritables échecs!) dans un domaine, c'est qu'on a tendance à se considérer comme un raté dans tous les autres domaines de sa vie. Une entrée de *filtre mental* est servie, suivie d'un plat de *généralisation à outrance* et, histoire de bien terminer le repas, le *rejet du positif* pour se sucrer le bec! Voilà de quoi certaines personnes nourrissent parfois leur esprit... Et vous?

Restons réalistes...

Cependant, si les choses ne s'annoncent pas, disons, particulièrement bien, il ne suffira pas de remplacer les pensées irréalistes par des pensées positives, mais par des pensées réalistes. Nuance importante! Le type qui n'est pas le plus attrayant et qui éprouve des difficultés sur le plan des habiletés sociales a beau se répéter qu'il est plus séduisant que Brad Pitt, dans l'esprit de la très populaire pensée positive, il ne l'est tout simplement pas! Et ne l'étant pas, le fait de se répéter qu'il l'est ne l'aide malheureusement pas. Selon les psys de la pensée, les pensées positives ne sont tout simplement pas crues par les personnes qui, en réalité, vivent une situation très difficile. Seules les pensées réalistes le sont (nous devons donc jeter un regard prudent sur le mouvement populaire du *think positive*!). La pensée strictement positive contribuerait à maintenir et même à intensifier l'humeur anxieuse et dépressive. La pensée purement positive peut faire perdurer une situation problématique puisque la personne n'est pas encouragée à regarder la situation en face. Impossible de remédier à un problème qu'on ne voit pas! De plus, à moyen et à long termes, la personne qui ne fait pas face à la réalité s'aperçoit que la force de la pensée positive s'essouffle. Elle tombe alors de son nuage... souvent haut! Si nous reprenons notre exemple, le type pourrait se dire qu'il n'est pas le plus beau et qu'il ne sait pas toujours comment se présenter sous son meilleur jour, ce qui a probablement contribué à ses insuccès jusqu'à maintenant. Il pourrait également se dire qu'il existe, s'il le veut, des solutions à ses problèmes et donc un espoir d'amélioration. Il peut reconnaître que ses problèmes ne sont pas catastrophiques. Sans doute n'est-il pas aussi séduisant que Brad Pitt mais... peu de gens le sont! Peut-être aura-t-il moins de chances que le célèbre acteur d'attirer une *top model*, mais ses chances ne sont pas irrémédiablement nulles. D'ailleurs, est-il nécessaire de séduire un mannequin? Peut-être serait-il plus réaliste d'espérer attirer quelqu'un d'apparence physique comparable? Comme on l'a vu précédemment, *qui se ressemble s'assemble...* Il n'est sans doute pas le plus beau, mais il a sûrement autre chose à offrir. Quelles sont ses qualités? Et les compliments qu'on lui adresse? Bref, même si une situation semble sombre au premier coup d'œil, à l'aide de la restructuration cognitive, la lumière rafraîchissante du réalisme peut éclairer la situation.

Les techniques comportementales

Avec la pratique, le fait de changer vos pensées irréalistes produira un impact majeur sur votre anxiété dans vos relations. De plus, avec le temps, la restructuration cognitive améliorera votre qualité de vie globale. On peut aussi ajouter d'autres cordes à son arc : les stratégies comportementales. Parmi celles-ci, la technique d'*exposition* est souvent considérée comme le cheval de bataille des programmes de thérapies comportementales contre l'anxiété.

L'exposition

Mieux vaut vivre un jour comme un lion que cent ans comme un mouton.

Proverbe italien

L'exposition progressive aux situations anxiogènes est l'une des stratégies les plus utilisées pour vaincre l'anxiété dans les relations sociales et intimes. Cette technique consiste à se placer, progressivement, dans des situations qui engendrent de l'anxiété et à y demeurer jusqu'à ce que l'anxiété redescende à un niveau de confort acceptable. Technique légèrement paradoxale! Au lieu d'éviter ce qui nous rend mal à l'aise, on y fait face. Le chat échaudé se met peu à peu sous l'eau froide!

Pour vaincre l'anxiété dans les relations interpersonnelles, la technique d'exposition exige que la personne affronte le plus souvent possible ces relations, et ce, pendant le plus de temps possible. Cependant, l'exposition se fait par étapes. On ne prend pas le chat échaudé par les oreilles pour le submerger d'eau! La personne dresse d'abord une liste de situations sociales qui la rendent anxieuse. Ensuite, elle organise cette liste selon une hiérarchie. Les situations les moins anxiogènes d'abord, suivies des plus anxiogènes. La personne affronte une situation à la fois, un jour à la fois, en commençant par la plus facile. Il importe de demeurer dans la situation jusqu'à ce que l'anxiété redescende. Même si l'exposition s'effectue progressivement, cela ne va pas sans provoquer un peu d'anxiété. Si cette dernière augmente dans les premières minutes de l'exposition, elle redescend spontanément avec le temps. Bien entendu, une autre façon de faire redescendre l'anxiété, c'est de fuir, ou de sortir rapidement de la situation anxiogène. C'est justement ce qu'il ne faut pas faire! Fuir la situation encourage l'anxiété et le comportement d'évitement. Le sentiment de bien-être que ressent la personne après sa fuite agit, en quelque sorte, comme une récompense pour elle. La personne apprend rapidement que pour se sentir mieux… mieux vaut fuir. C'est ainsi que les phobies deviennent chroniques! Il faut un peu de patience. Un peu de courage.

Plus on s'expose, plus l'anxiété sera de courte durée et progressivement moins élevée. Et surtout, on aura le sentiment – et la fierté! – d'avoir vaincu sa peur.

Voici la hiérarchie de Natasha. Natasha est attirée par Paul, un collègue avec qui elle aimerait sortir. Cependant, elle le connaît peu. Depuis qu'ils travaillent dans le même service, elle ne lui a adressé la parole qu'à quelques reprises. Elle aimerait bien le connaître davantage, mais son anxiété…

Natasha a bien suivi sa hiérarchie sur une période d'environ trois mois. Elle en a répété plusieurs des étapes sur cette période. À sa grande satisfaction, l'anxiété s'est avérée moins intense qu'elle ne l'avait anticipé! De plus, elle a remarqué que celle-ci diminuait avec la pratique – *l'arbre devient solide sous le vent.*

Situation	Niveau d'anxiété anticipé (0 à 10)	Niveau d'anxiété réel (0 à 10)
1. Sourire à Paul.	4	3
2. Saluer Paul.	4	3
3. Saluer Paul et lui demander comment il va.	4	3
4. Discuter du travail avec Paul au moins 5 minutes.	4	3
5. Discuter du travail au moins 10 minutes.	5	4
6. Discuter de sujets divers au moins 10 minutes (sports, cinéma, loisirs).	6	4
7. Faire un compliment.	6	4
8. Discuter de sujets plus personnels (Est-il en relation de couple ?, etc.) 15 minutes.	7	5
9. Inviter Paul à aller prendre un café après le travail.	7	5
10. Appeler Paul à la maison pour une conversation sur un sujet précis (près de 10 minutes).	8	6
11. Inviter Paul au cinéma.	8	6
12. Inviter Paul à dîner à la maison.	9	6
13. Offrir un cadeau à Paul.	9	6
14. Téléphoner à Paul pour prendre de ses nouvelles.	9	6
15. Inviter Paul à passer un week-end au chalet.	10	7

La respiration et la relaxation

Avant et pendant les sessions d'exposition aux situations anxiogènes, les personnes se sentent souvent anxieuses. Pour les aider, les psychologues proposent quelques trucs additionnels à utiliser pendant ces sessions, comme la *respiration profonde* (Marchand et Letarte, 1993). Il s'agit d'une technique de respiration aussi facile qu'efficace. Vous prévoyez vous «exposer» bientôt? Voici une version simplifiée de cette technique en trois étapes :

1. On inspire profondément et lentement en remplissant d'abord la partie inférieure et ensuite supérieure des poumons (inspiration du ventre et non pas de la cage thoracique).

2. On retient son souffle quelques secondes (de trois à cinq secondes).

3. On expire l'air contenu dans nos poumons. L'expiration doit être un peu plus prolongée que l'inspiration afin de dégager les poumons d'un excès d'air vicié pour faire place à une plus grande quantité de nouvel air. Plus précisément, on inspire sur un compte de cinq et on expire un peu plus, soit sur un compte de six.

On recommande la pratique des techniques de respiration au moins deux fois par jour pendant dix à quinze minutes. On suggère d'abord de pratiquer la respiration dans des moments de calme, puis en situation de stress.

Pour les adeptes des techniques de relaxation plus élaborées, il existe d'excellentes techniques parmi lesquelles on retrouve la relaxation progressive, la méthode de Jacobson, la relaxation appliquée et l'imagerie mentale. Plusieurs volumes leur sont consacrés (voir les références à la fin du livre).

L'autodiscours

L'autodiscours constitue également un outil efficace pour diminuer l'anxiété avant et pendant les sessions d'exposition. Cette technique consiste d'abord à écrire un scénario réaliste de ce qui risque de se produire en affrontant la situation anxiogène. Ensuite, on lit et relit le scénario à plusieurs reprises. On peut même l'imaginer dans le calme à l'aide de l'imagerie mentale. L'objectif ultime de l'autodiscours est de s'armer de pensées réalistes avant l'apparition de pensées irréalistes. Voici l'autodiscours de Nadine :

Je vais l'appeler. Je sais que je suis anxieuse et il est possible que ma voix tremble. Il est également possible que je cherche mes mots. Il n'y a rien de catastrophique à cela. C'est normal d'être anxieuse par moments et en particulier dans les nouvelles relations. La plupart des gens le sont. On veut tous faire bonne impression. On éprouve une certaine crainte d'être jugé négativement. Cependant, j'ai peu de preuves qu'on va se rendre compte de mon anxiété. Et même si l'on s'en aperçoit, ça ne veut pas dire qu'on me jugera négativement pour cette raison. Si l'on me juge ainsi, ce sera tant pis. Je n'ai pas de contrôle sur ce que les gens pensent de moi. Je l'appelle parce que je le veux bien, personne ne m'y oblige. Je l'appelle parce que je désire affronter mon anxiété. Mais je l'appelle surtout pour avoir du plaisir en conversant avec quelqu'un que je trouve fort sympa.

Les techniques paradoxales

Voici l'artillerie lourde : les techniques purement paradoxales. Plusieurs psychologues utilisent ces techniques en dernier recours (même si certains spécialistes de l'anxiété sociale suggèrent de les utiliser au tout début). C'est donc après avoir enseigné en vain la restructuration cognitive, les habiletés sociales, l'exposition progressive, la relaxation et l'autodiscours que les psychologues utilisent ces techniques.

Les gaffes intentionnelles

La première de ces techniques, c'est la bien nommée gaffe intentionnelle. La personne fait intentionnellement les erreurs qu'elle craint de commettre lors des rencontres sociales. L'objectif ? Démontrer à la personne qu'il n'y a rien de catastrophique. Tout au plus, on fait un peu rire de soi et on subit un rejet. Ce n'est pas la fin du monde ! N'oublions pas que certains d'entre nous sont convaincus que le rejet ou le ridicule constitue une catastrophe.

La technique des gaffes intentionnelles requiert encore une liste. La personne note toutes les bévues qu'elle craint de commettre. Ensuite, elle fait ces gaffes une par une. Voici une liste type de gaffes intentionnelles... qu'on a tous un jour ou l'autre commises sans préméditation !

1. Rester figé au téléphone (intentionnellement, je ne sais plus quoi dire !).
2. Arriver quinze minutes en retard à une première rencontre.
3. Raconter des histoires même si je suis convaincu qu'elles ne sont pas très drôles.

4. Sortir décoiffé.

5. Téléphoner à l'autre personne quatre jours de suite (dans les débuts de la relation).

6. Dire des mots qui se rapprochent du «je t'aime» après seulement quelques rencontres.

7. Me vêtir de la même façon pour deux sorties consécutives.

8. Manger des mets épicés avant la rencontre (belle haleine en perspective!).

9. Essayer de trembler et avoir une voix hésitante.

10. Trébucher en présence de la personne sur la place publique.

11. Oublier mon portefeuille le soir d'une sortie au restaurant et demander à l'autre d'avancer les sous.

12. Parler de mes défauts et de mes échecs.

13. Dire seulement quelques phrases dans une soirée.

14. Parler sans arrêt.

15. Complimenter l'autre personne pour son affreuse nouvelle coiffure!

Cette technique se pratique généralement sous la supervision d'un psychologue, mais vous pourriez également en faire l'essai par vous-même.

La technique d'exposition au rejet

La technique d'exposition au rejet va dans le même sens que la stratégie des gaffes intentionnelles. On dresse d'abord une liste d'amoureux potentiels. Pour chaque candidat, on évalue ses chances de recevoir une réponse favorable à une demande de sortie, par exemple au restaurant. Ensuite, on téléphone, dans l'ordre, aux candidats les plus sujets à dire non. Le but de l'exercice n'est pas de réussir à obtenir une réponse favorable à l'offre. Au contraire! L'objectif est de subir intentionnellement un refus afin de vaincre la peur du rejet. Évidemment, il n'est peut-être pas souhaitable d'utiliser cette technique sur des collègues avec qui on entretient une relation hiérarchique...

5
L'importance des habiletés de séduction

Le monde entier est une scène, les hommes et les femmes ne sont que des acteurs, avec leurs entrées et leurs sorties. Dans sa vie, un homme joue plusieurs personnages...

Shakespeare, *Comme il vous plaira*

Comme l'avait écrit Shakespeare il y a plus de cinq siècles, nous sommes des acteurs dans le vaste théâtre du monde... sans trop nous en rendre compte. Nous évaluons notre comportement et le modifions en fonction des demandes de notre environnement social. En matière de séduction, nous agissons encore, sinon davantage, à la manière du comédien. Ce dernier joue pour nous convaincre de la véracité de son personnage, comme le séducteur joue pour persuader la personne qu'il tente de séduire qu'il est *son* personnage. Hélas, même s'il y met tout son cœur, l'acteur malhabile n'arrivera pas à nous faire croire en son personnage. Et Valentin ne réussira pas à séduire la personne désirée s'il ne répond pas à ses attentes – pas toujours formulées !

Bref, dans le but de séduire, nous jouons un rôle afin d'attirer l'attention et surtout l'affection de la personne qui nous intéresse. Pour entrer dans ce jeu de la séduction, nous avons chacun nos parades, nos rituels et les plus habiles dans ce domaine ont plus de chances de trouver des partenaires...

Il y a quelque temps, j'ai demandé à l'un de mes amis, particulièrement populaire auprès des femmes, de me décrire sa stratégie de séduction. Après un long moment d'hésitation, comme s'il n'y avait jamais réfléchi, il enchaîne :

> *Si je remarque une femme de mon goût dans un bar, je tente d'abord, subtilement, d'attirer son attention par des gestes. Je me tiens droit et marche d'un pas rapide afin de donner l'image de quelqu'un de confiant et décidé. Je souris le plus souvent possible aux autres clients du bar et je parle avec un grand nombre de personnes afin de montrer que je suis sociable et facile d'approche. Pendant cet exercice, si je m'aperçois que la femme me remarque, je lui souris discrètement et chaleureusement. Si elle en fait autant, la situation est « mûre », je peux aller lui parler. D'entrée de jeu, je lui adresse un compliment sincère sur son apparence physique. Je lui offre un verre au moment de m'en commander un. J'évalue rapidement si elle cherche à poursuivre la conversation. Si je perçois peu d'efforts, je ne me décourage pas et me dis qu'elle est peut-être timide. Je relance la conversation en abordant les sujets que nous avons en commun : ce même bar que nous fréquentons et ses clients, la musique, la température, etc. Mes propos sont généralement légers et d'un ton humoristique. Si elle semble toujours intéressée à poursuivre la conversation au moment où je reçois mon verre (après deux à cinq minutes), je reste encore quelque temps. Je l'encourage à parler d'elle et m'adapte à ses sujets de conversation. Je délaisse autant que possible la question du travail. J'évite aussi de parler de mes relations antérieures. Si le feu de la conversation s'éteint, je retourne à ma place dans le bar en la saluant chaleureusement. Même si la conversation se déroule bien, je pars après un certain temps. Pour moi, il est préférable de produire une bonne première impression et de laisser*

la personne sur son appétit. Nous pourrons toujours nous reparler plus tard.

Mon ami a son rituel de séduction systématique, comme certains animaux – eh oui, à certains égards, ce sont nos proches parents ! Il parade, met en évidence ses épaules et ses pectoraux en se tenant bien droit (chez certaines espèces animales, les plus physiquement avantagés ont plus de chances d'être choisis pour la reproduction). Sa démarche rapide suggère une personnalité de meneur (qualité prisée également de nos proches parents...). Il fait ressortir ses qualités psychologiques : sa sociabilité et sa gentillesse par ses sourires chaleureux, ses compliments. En offrant de payer un verre, il démontre sa générosité (une caractéristique valorisée chez l'humain). Enfin, son rituel ne comporte rien d'agressif (comportement dévalorisé chez l'humain). Il fait preuve de patience et s'assure d'une réciprocité de son attention avant de s'approcher de la personne. Il sait également quand s'arrêter, et ce, même si la rencontre se déroule bien. Et le tout est teinté de sensibilité et d'humour.

La séduction, ça se gère !

Le rituel, ou le jeu d'acteur de mon ami dans cette situation de séduction, est ce qu'on appelle chez l'humain la gestion des impressions (*impression management*). Selon les psychologues, la gestion des impressions, ou la gestion de l'image, c'est l'effort que l'on déploie pour se présenter d'une façon socialement désirable. Nous gérons tous notre image afin de fonctionner adéquatement et de survivre en société. Les normes sociales requièrent que nous nous comportions d'une certaine façon lorsque nous interagissons avec nos parents, nos collègues, nos patrons, etc. Si nous ne respectons pas ces normes, nous ne serons pas facilement acceptés par les gens et intégrés dans la société. Par exemple, je fais particulièrement attention à ce que je dis lors d'une entrevue de sélection pour un emploi. Je vouvoie mon patron et prends une attitude teintée de déférence, et ce, même si je n'ai pas le goût d'agir ainsi. Je suis particulièrement gentil avec le directeur de banque auquel je demande un prêt important. Je me mets sur mon 36 pour un *blind date* et je fais preuve d'un romantisme plus intense dans les premières rencontres – romantisme qui ne durera, malheureusement, qu'un certain temps si la relation se poursuit. Bref, je gère mon image afin d'obtenir des récompenses sociales (argent, promotions, compliments, attention, etc.) et d'éviter les punitions (démotion, critiques, contraventions, rejet, etc.).

Bien sûr, cette tendance ou cette capacité à gérer les impressions varie d'un individu à l'autre... Certains sont particulièrement doués, direz-vous. Face à un séducteur comme l'ami évoqué précédemment, on peut aisément penser : «Bof, ce n'est pas donné à tout le monde, on est séduisant ou on ne l'est pas. Cette personne sait comment attirer l'attention des autres.» Mais est-elle venue au monde avec cette capacité de séduction... qui nous fait défaut ?

Si les pensées s'apprennent, ainsi que nous l'avons vu au dernier chapitre, les comportements, y compris ceux liés à la séduction, s'apprennent également. Il suffit d'un peu d'entraînement! Nous pouvons améliorer notre façon de nous présenter et faire ressortir les qualités qui nous appartiennent. En d'autres mots, il est possible de soigner notre image en développant nos habiletés sociales et, plus particulièrement ici, nos habiletés de séduction.

La séduction, ça s'apprend!

Une personne vous frappe par son charisme ou par ce petit je-ne-sais-quoi de spécial. Depuis que vous l'avez aperçue, vous brûlez d'envie de faire sa connaissance. Mais l'anxiété s'en mêle et vous ne savez pas comment créer une bonne impression. Vous désirez lui parler, mais vous décidez d'attendre d'être plus sûr de vos chances. Vous essayez d'abord d'attirer son attention par votre langage non verbal afin de vérifier si, à tout le moins, elle vous remarque. Vous ignorez cependant comment utiliser votre langage corporel afin de provoquer l'impression désirée. Vous pensez qu'elle vous a peut-être remarqué, alors vous décidez, à la suite de quelques sourires discrètement échangés, d'aller lui parler. Après avoir réfléchi à votre phrase d'approche, vous amorcez finalement tant bien que mal une conversation, mais vous agissez dans le doute et l'incertitude quant à l'attitude appropriée. Après quelques minutes, la conversation ne semble aller nulle part... Que faire?

◆ Vous êtes à court de sujets généraux et légers; DEVEZ-VOUS ABORDER DES SUJETS PLUS INTIMES? Est-ce le temps de parler de votre récente séparation, de vos ex, de vos fantasmes sexuels ou de votre enfance malheureuse?

◆ EST-IL PLUTÔT LE TEMPS DE PARLER DE VOTRE TRAVAIL dans les détails? Trop ennuyant ou trop sérieux comme sujet? Est-ce trop indiscret d'aborder le travail alors que plusieurs n'ont pas le privilège d'occuper un poste intéressant?

◆ POUVEZ-VOUS CHARMER LA PERSONNE PAR DES COMPLIMENTS et des mots doux... et si oui, quand et comment?

◆ Pour faire bonne impression... DEVEZ-VOUS RACONTER VOS EXPLOITS?

◆ DEVEZ-VOUS PLUTÔT ÉCOUTER QUE PARLER? Et comment écouter? Devez-vous reformuler tout ce que la personne dit pour montrer que vous l'avez bien comprise? Devez-vous ajouter : «Moi aussi, ça m'est déjà arrivé...»?

◆ VOTRE LANGAGE NON VERBAL EST-IL CRUCIAL? Que devez-vous faire avec vos jambes, vos bras, vos mains, la façon dont vous appuyez la tête...

Bref, est-ce que vous projetez l'image que vous désirez? L'entraînement aux habiletés de séduction pourra vous aider à répondre à ces questions. Imaginez le temps gagné! Certaines personnes ont appris à séduire toutes seules... par moult essais et erreurs. Les observateurs perspicaces ont appris en observant les Don Juan à l'œuvre. Mais maintenant, il n'est plus nécessaire de nous confiner à un long et douloureux processus d'essais et erreurs, ainsi qu'à l'imitation de comportements de modèles de séduction dont le style ne colle pas nécessairement à notre personnalité. Après tout, pour rencontrer une personne avec qui nous nous sentons vraiment bien, mieux vaut apprendre à mettre en valeur nos caractéristiques... pas celles du voisin!

En matière de relations intimes, l'entraînement aux habiletés sociales nous aide non seulement à mieux nous présenter, mais aussi à mieux communiquer. Si l'on connaît tous l'importance de savoir converser et s'affirmer, nombre de phénomènes méconnus ou sous-estimés entrent également en jeu dans une rencontre. L'apparence physique, les vêtements, l'espace personnel, la posture et les gestes sont autant de facteurs importants de communication non verbale... et de séduction. Des notions qui peuvent s'avérer fort utiles en temps opportun !

La communication non verbale ou lorsque l'on parle sans parler...

Je sais qui sont les gens rien qu'à les regarder. Un simple regard m'indique, entre autres, le genre d'amoureux qu'ils sont. Dans le centre commercial, je croise une jolie fille musclée aux cheveux blonds noués en queue de cheval. Marchant d'un pas décidé, elle s'arrête soudainement devant la vitrine d'un magasin de sport. C'est une sportive en santé. Confiante et énergique, elle se fait sûrement courtiser par plusieurs hommes. Elle sait ce qu'elle veut. Elle ne poursuit pas longtemps une relation insatisfaisante. J'entre ensuite dans un salon de coiffure. La coiffeuse a les cheveux rouges et verts. Une punk. Elle est probablement libérée et ouverte d'esprit sur le plan sexuel. Après la coiffure, je m'arrête au kiosque des téléphones cellulaires. Le commis est un homme dans la trentaine aux cheveux noirs coiffés vers l'arrière avec beaucoup de gel. Il a le teint foncé, sans doute un bronzage en salon. Culturiste, il met en évidence ses pectoraux par une chemise légèrement trop ajustée. Il sert une cliente drôlement jolie, du genre mannequin. Il remarque ma présence, mais ne me donne pas signe de vie. Ma présence semble le déranger. Il est penché sur le comptoir très près de la fille et lui touche fréquemment la main. Il semble être en pleine offensive de séduction. C'est un flirteur, probablement le genre beau parleur.

ANONYME

Qu'on appelle cela du flair, du «pif» ou simplement des jugements prématurés de nature préjudiciable, le comportement décrit précédemment est partagé par la plupart d'entre nous. Une bonne partie de l'impression que nous nous faisons des autres, et celle que les autres se font de nous, se base sur de simples observations rapides. En quelques secondes, nous savons – enfin, nous croyons savoir! – à qui nous avons affaire. Nous ne connaissons pas intimement ces gens. Nous ne savons probablement pas où ils habitent, ni leur situation sociodémographique. Nous ignorons tout de leur passé, de leurs joies ou de leurs difficultés actuelles. Pourtant, très vite nous savons si nous voulons amorcer une relation intime (du moins à court terme) avec une personne et nous avons une assez juste idée de notre intérêt pour une relation sexuelle.

Si nous emmagasinons en quelques minutes et parfois en quelques secondes beaucoup d'informations sur les gens simplement à les observer, c'est qu'ils communiquent sans même nous parler. La façon de se vêtir, de bouger, de se tenir, ou même de prendre ou d'offrir un verre regorge d'information. L'expression faciale et le contact visuel nous offrent de précieux renseignements sur les gens, de même que leur manière d'utiliser l'espace interpersonnel. Toute cette information nous permet de constituer nos premières impressions et pas un mot n'a encore été dit.

On n'a jamais une deuxième chance de faire bonne impression...

Un ami, étudiant en littérature à l'époque, était un mauvais vendeur d'un excellent produit : lui-même. Il était cultivé, intelligent, toujours prêt à rendre service en plus d'être doté d'un solide sens de l'humour. Malheureusement, il ne connaissait pas beaucoup de succès auprès des femmes. Il portait d'épaisses lunettes, des vêtements démodés et sa coiffure lui donnait le style *boy-scout*. Il se montrait quelque peu timide avec les femmes; en groupe, il avait plutôt tendance à se placer en retrait et à être taciturne. Il me parlait souvent, avec beaucoup de cœur, du fait qu'il souffrait de ses insuccès. Pour l'aider, il suffisait d'être franc et d'émettre quelques bonnes suggestions : lunettes, coiffure, vêtements, en plus de lui refléter son comportement timide avec les femmes. On n'en a peut-être pas fait un Don Juan, mais, aux dernières nouvelles, il était heureux en amour !

Une partie du problème de cet ami, c'est qu'il ne réussissait pas à produire une bonne première impression. Les gens n'allaient pas au-delà des apparences... Tant pis pour eux, répliquerez-vous ! Sûrement, mais l'étudiant en littérature était tout aussi perdant. Plusieurs études l'attestent : une mauvaise première impression sera très difficile à transformer ! Il a été démontré que l'information obtenue lors d'une première rencontre pèse davantage que l'information obtenue par la suite. Ouf ! Facile d'imaginer – ou de se rappeler – la pression lors des premières approches ! Peut-on changer cette première impression si, en raison du trac, nous ne sommes pas à la hauteur ? Selon (Snyder, 1993), la première impression peut se transformer seulement si la plupart des interactions subséquentes la contredisent. Cependant, il serait plus facile de changer les bonnes impressions en mauvaises que de changer la mauvaise première impression que nous faisons en bonne ! D'où l'importance de faire une bonne première impression...

Je me souviens de mon expérience avec cette jolie fille qui s'assoyait dans le fond de la classe dans un de mes cours au cégep. Elle était belle au point de me rendre bouche bée. Tout au long de la session, je mourais d'envie de lui parler, mais, hélas, je ne trouvais pas le courage, et ce, malgré ses sourires chaleureux. Percevant probablement ma timidité et démontrant un plus grand courage que moi, elle a obtenu mon numéro de téléphone d'une connaissance commune et m'a invité, à la fin de la session, à un party de Noël. Au septième ciel, je me suis empressé d'accepter. Avec beaucoup d'anxiété, je suis allé la chercher chez elle le soir de la fête. De la voiture, je la voyais venir à ma rencontre. Sa coiffure était ravissante et son manteau lui donnait une allure de princesse. Mon attirance pour elle montait en flèche... Dès qu'elle s'est assise dans la voiture, ma passion s'est estompée. Son corps dégageait une odeur fétide d'ail. Je croyais sortir avec une langouste qui venait de prendre son bain dans du beurre à l'ail! J'en avais la nausée. Elle n'y était peut-être pour rien. On lui avait sûrement cuisiné un somptueux plat à l'ail et elle n'avait pas songé au fait que ses vêtements et son haleine allaient s'imprégner de cette odeur. Elle se révélait par ailleurs très intéressante, romantique et même drôle. Mais ma première impression était biaisée par cette odeur... Terminée extrêmement tôt, la soirée! Impossible de me débarrasser de ma nausée et surtout, de ma mauvaise première impression.

Convaincu de l'importance de faire une bonne première impression? En cette matière – et des autres qui suivront, on l'espère! –, peu de facteurs se montrent aussi puissants que l'apparence physique.

6

L'importance de l'apparence dans le processus de séduction

Je n'ai encore vu personne qui aimât autant la vertu autant que l'on aime la beauté du corps.

Confucius

L'apparence physique d'une personne influence notre jugement plus que tout autre aspect de la communication verbale ou non verbale. Une personne de très belle apparence physique, si elle est consciente de ce pouvoir, peut presque faire danser comme elle veut qui elle veut, quand elle le veut. Cette emprise exercée sur nous, les psycholoques appellent cela l'effet de halo. Vous avez bien lu halo, ce petit cercle lumineux que l'on retrouve au-dessus des anges et des saints dans les illustrations religieuses. Cela semble incroyable, mais ce qui est beau est perçu comme bon dans notre société (Langlois *et al.*, 2000).

La beauté, ça se discute!

Cependant, ce que l'on considère comme physiquement attrayant varie en fonction de l'époque et de la culture (même si certaines données, nous le verrons plus loin, ne changent pas à travers le temps et demeurent les mêmes dans toutes les cultures). Lors d'une réunion de famille, ma tante, septuagénaire, a déjà demandé à mon amie de l'époque si elle était malade ou anorexique tant elle la trouvait mince. Inutile de signaler que cette dernière n'était pas flattée. Dans mon temps, me dit ma tante ultérieurement, les rondeurs étaient *in*. De la même façon, le teint pâle était à la mode à une certaine époque et signifiait la prospérité habituellement associée au travail décisionnel et administratif effectué à l'intérieur. Il semble être de retour ces dernières années, car les gens sont davantage conscients des effets nocifs de l'exposition prolongée au soleil, mais dans les années 1980, la peau foncée était fort prisée. C'était le signe que l'on pouvait se payer des voyages dans le sud ou de dispendieuses sessions de bronzage sous les néons. Dans les années 1920, les femmes de l'Amérique tentaient par tous les moyens, vestimentaires ou autres, de minimiser le volume de leurs seins alors qu'aujourd'hui les implants mammaires et les *paddings* sont populaires.

Ce qui apparaît attrayant en Amérique ne l'est pas nécessairement en Afrique, en Asie et en Europe. Dans certaines cultures africaines, la tête est aplatie, les lèvres étirées et le corps marqué par des cicatrices à différents endroits pour le rendre attrayant. En Chine, plusieurs trouvent encore fort séduisantes les femmes aux très petits pieds même si nous ne bandons heureusement plus les pieds des femmes dans l'espoir de «freiner la fertilité». Dans une autre culture, le cou des femmes est étiré jusqu'à douze pouces à l'aide de cerceaux et le nez percé avec des bijoux de bois. On les appelle les femmes-girafes. Enfin, les Européens se moquent souvent du fait que les Américains n'apprécient pas les femmes qui ont du poil sous les aisselles.

Une importance... instinctive!

Mais pourquoi se donner tant de mal pour embellir notre physique? Sommes-nous près du jour où nous ne sortirons pas sans nos lentilles cornéennes teintées, nos cheveux permanentés, notre faux teint et nos faux ongles, nos pectoraux liposculptés, nos fesses redrapées, sans oublier nos prothèses dentaires et mammaires? J'exagère à dessein... Nous investissons autant de temps et d'argent dans ce processus d'embellissement physique parce qu'*instinctivement* nous saisissons l'importance de l'apparence physique dans le processus de séduction. Nous disons bien instinctivement, car sous notre attirance pour la belle gueule et le beau corps se cachent des pressions biologiques innées. Nous serions attirés par les personnes de belle apparence physique pour des raisons associées à la survie de notre espèce. Tout comme les animaux, nous choisirions des partenaires de reproduction susceptibles de générer une meilleure progéniture et d'assurer la survie de notre race. C'est donc en partie pour ces raisons que l'apparence physique se révèle si importante dans le processus de séduction. «Si nous sommes en vie aujourd'hui, c'est que nous sommes les heureux gagnants d'un concours de beauté qui a débuté il y a quatre millions d'années», dit la voix de Kathleen Turner dans la première émission d'une récente série au Discovery Channel (1998) portant sur la sexualité (*The Science of Sex*). La femme des cavernes aurait choisi l'homme grand, fort et musclé, capable de protéger et de subvenir aux besoins alimentaires de sa famille à travers les dangereuses parties de chasse. L'homme des cavernes aurait choisi la femme au bassin élargi pouvant enfanter plusieurs fois. Selon les anthropologues et les psychologues spécialisés dans les théories de l'évolution, les femmes et les hommes rechercheraient encore ces caractéristiques physiques aujourd'hui, même s'ils se montrent sensibles à d'autres aspects tout aussi importants. Les plus attrayants seraient choisis pour la reproduction avec pour résultat que, au fil des générations, les êtres humains seraient de plus en plus grands et beaux! Par ailleurs, les personnes de belle apparence physique ont vingt fois plus de partenaires sexuels au cours de leur vie que les personnes d'apparence ordinaire. Statistiquement, sur le plan de la séduction, les belles gueules et les beaux corps semblent trouver davantage preneur... D'où l'importance de soigner cet aspect de la communication non verbale!

Quatre bonnes raisons

Plusieurs autres théories expliquent pourquoi nous sommes attirés par les «beautés». Dans son excellent livre portant sur les relations intimes (*Intimate Relationships*), Sharon Brehm propose quatre raisons pour lesquelles nous sommes attirés par les personnes de belle apparence physique. Commençons par la plus simple des explications proposées : nous sommes attirés par les belles choses. Les beaux paysages, les belles voitures, les belles maisons et, pourquoi pas, les belles personnes. La deuxième explication de Brehm réside dans le stéréotype : ce qui est beau est bon. Nous avons tendance à généraliser le fait que parce qu'une personne est belle, elle est bonne. Certaines études se sont penchées sur ce principe et elles méritent une attention particulière ici.

Tout d'abord, les gens attribuent davantage de caractéristiques positives sur le plan de la personnalité aux individus de belle apparence physique qu'ils en attribuent à ceux de moins belle apparence. Une revue critique de toutes les études majeures sur le sujet (Langlois *et al.*, 2000) conclut que les «beautés» sont la plupart du temps perçues comme étant de meilleurs partenaires sexuels, des personnes plus gentilles, plus fortes, plus sociables, plus attentionnées, plus intéressantes, plus distinguées, plus passionnantes que les personnes d'apparence ordinaire.

Et si l'on n'est pas si beau que ça?

Ne vous découragez surtout pas! Même si vous n'avez pas la plus belle apparence du monde, ce n'est pas tout en matière de séduction. Les gens qui ne ressemblent pas tout à fait à des mannequins développent une très forte personnalité et une solide confiance en eux en misant sur leurs autres atouts. Et ça, ça peut être extrêmement attirant! Il s'agit d'une valeur plus sûre dans laquelle il est conseillé d'investir, car l'apparence physique, c'est vulnérable et sujet à changement! On vieillit, un accident peut modifier notre apparence, on peut perdre ou prendre du poids à la suite de maladies, etc. Mais notre intérieur est une valeur sûre! Et puis, on peut toujours trouver quelqu'un qui est notre équivalent sur le plan de l'apparence.

Il n'y a pas qu'en amour que les «beautés» bénéficient d'avantages. Partout, elles réussissent à nous convaincre et à nous faire changer d'idée plus facilement! Cet avantage lié à l'apparence physique déjoue même le système judiciaire; les personnes de belle apparence physique sont plus souvent acquittées ou alors elles obtiennent des peines réduites lorsqu'elles sont déclarées coupables. Les entreprises ont rapidement compris qu'un pouvoir accru de persuasion vient souvent avec la beauté en constatant que leurs meilleurs vendeurs sont souvent de plus belle apparence physique. D'ailleurs, au moment de l'entrevue de sélection pour des emplois, les personnes de très belle apparence physique ont, à compétence égale, de trois à quatre fois plus de chances d'être choisies, et ce, non seulement dans la vente, mais dans plusieurs autres domaines : des postes de soutien administratif à la haute direction. Comme l'avait écrit Aristote : « La beauté est un appui préférable à toutes les lettres de recommandation. » Les beautés obtiennent plus de promotions et gagnent de 5 % à 15 % de plus que les personnes d'apparence physique ordinaire selon une étude de Daniel Hamermesh, professeur à l'Université du Texas à Austin. Sur le plan professionnel, on peut toujours crier à la discrimination si l'on n'est pas beau ou belle... mais sur le « marché des célibataires », crier ne sert malheureusement à rien.

Cupidon ne semble donc pas le seul à succomber aux effets de la beauté. Les directeurs de ressources humaines, les gestionnaires, les clients, les juges et même nos sincères et dévoués professeurs y sont également sensibles. En fait, les élèves de belle apparence physique reçoivent plus d'attention de la part des professeurs, on les considère comme des enfants qui se comportent mieux et, comble de l'ironie, ils obtiennent de meilleurs résultats scolaires ! Il apparaît donc possible que le principe « ce qui est beau est bon » devienne une prophétie autoactualisante :

1. On s'attend à ce que les personnes de belle apparence physique soient bonnes sur plusieurs plans.

2. On agit en fonction de nos attentes en leur accordant plus d'attention, de faveurs et de comportements sociaux valorisants.

3. En conséquence, les belles personnes ont plus de chances de réussir dès leur entrée dans nos écoles.

Peut-être que les beaux raisins ne donnent pas nécessairement les meilleurs vins, mais on continue de les cultiver dans les meilleures terres!

Un mot aimable est comme un jour de printemps

La troisième explication de Brehm pour le préjugé favorisant les «beautés» : les personnes de belle apparence physique ont développé de meilleures habiletés sociales. Selon Brehm, à force d'offrir autant d'attention et de compliments aux «beautés», nous renforçons leurs comportements sociaux. Pour ces individus, les relations sociales deviennent gratifiantes. Ils sont donc encouragés à rencontrer d'autres personnes le plus souvent possible. Plus d'occasions se présentent donc à eux de développer leurs habiletés sociales. Quelques études viennent appuyer cette hypothèse et démontrent que les personnes de belle apparence physique possèdent effectivement plus d'habiletés verbales (Chaiken, 1979; Goldman et Lewis, 1977). Cependant, d'autres études n'établissent pas de relation aussi claire entre l'apparence physique et les habiletés sociales, et suggèrent qu'il existe des différences entre les hommes et les femmes sur ce plan. Les femmes de belle apparence physique ne posséderaient pas de meilleures habiletés sociales que les femmes moins attrayantes. Cependant, les femmes plus attrayantes se déclarent davantage satisfaites de leurs relations sociales que celles qui le sont moins. La beauté physique semble donc, en général, associée à des relations sociales plus satisfaisantes et il est possible que les belles personnes aient développé de meilleures habiletés sociales dans le cadre de relations plus faciles. Nous sommes peut-être attirés par ces belles personnes parce qu'elles sont tout simplement sociables!

Enfin, Brehm suggère que nous sommes attirés par ces «beautés» parce que ça «paie» de s'associer avec les personnes de belle apparence physique. Cela augmenterait nos chances de séduction... on recherche donc leur présence. En fait, une personne d'apparence physique moyenne serait perçue comme plus attrayante en présence d'une personne du même sexe qui est de très belle apparence physique (Geiselman, Haight et Kimata, 1984; Kernis et Wheeler, 1981). Dans le cas d'association entre personnes de sexe différent, les hommes sont perçus plus favorablement en présence de belles femmes, mais notre jugement sur l'apparence de la femme ne semble pas affecté par celle de l'homme qui lui tient la main.

Pas seulement des avantages!

Il n'existe pas seulement des avantages à être de belle apparence physique. Certains diront que ce n'est que justice... Les études suggèrent que les «beautés» peuvent parfois devenir victimes du stéréotype mentionné précédemment : ce qui est beau est bon. On attend des personnes de belle apparence des performances frisant l'excellence. Pour ces «beautés», les attentes se montrent parfois tellement élevées qu'il est difficile de les atteindre. Si elles ne répondent pas aux exigences, on les juge plus sévèrement que les personnes d'apparence physique moyenne.

Il m'apparaît toujours étonnant d'entendre les propos des gens à l'égard des «beautés». Un soir dans un bistrot, des étudiantes dans la vingtaine discutaient des beaux gars de leur département. Ces gars n'auraient pour ainsi dire qu'à faire un clin d'œil pour les séduire tellement la conversation était ponctuée de soupirs de désirs quelque peu humoristiques; toutefois, les propos n'étaient pas toujours élogieux... et plutôt crus. «Éric est épais comme le mur, ses blagues ne sont jamais drôles. Paul est plus frappé qu'une vedette de Hollywood. Quant à Stéphane, il était sûrement absent lorsque le bon Dieu a distribué les cerveaux. Mais pour être beaux, ils le sont. On ne leur ferait pas de mal!» Difficile de juger du sérieux de ces propos, sans doute lancés à la blague, mais ils démontrent comment les gens de belle apparence sont victimes de jugements, parfois gratuits et sévères. Aurait-on été aussi sévère avec Luc, le gars un peu timide d'apparence moyenne? Peut-être pas. Cependant, peut-être n'en aurait-on même pas parlé!

En fait, un peu comme les vedettes artistiques et sportives, les personnes de belle apparence physique sont souvent victimes de jugements liés au fait qu'on les remarque davantage. Bien que le phénomène n'atteigne pas la même ampleur que chez les vedettes, nous n'avons qu'à penser à l'attention et aux jugements qu'on porte à celles-ci pour comprendre le préjudice. Dès qu'une vedette commet une erreur, nous appuyons sur la gâchette du canon à critiques! Ce phénomène devient parfois difficile à accepter par les personnes de belle apparence qui, contrairement aux vedettes, n'ont pas demandé autant de popularité ni choisi de vivre sous le regard, souvent critique, d'autrui.

Par ailleurs, une autre conséquence négative au fait d'être de belle apparence physique est que, à force de recevoir autant d'attention, de compliments, de faveurs des gens, et ce, dès la tendre enfance, on risque de développer des traits ou des troubles de personnalité narcissiques. Il s'agit d'un problème psychologique où les personnes éprouvent un sentiment démesuré d'importance souvent accompagné d'idées de grandeur. Ces individus se considèrent comme spéciaux et exigent de leur entourage des traitements de faveur. Ils se montrent également sensibles aux critiques et se mettent en colère lorsqu'on ne répond pas à leurs demandes ou, simplement, lorsqu'on les ignore (ou lorsqu'on ne fait que leur dévouer une attention normale!). Ces personnes éprouvent beaucoup de difficultés à entrer en relation intime : dur de démontrer de l'empathie lorsqu'on pense surtout à son nombril! Il importe donc de sensibiliser les gens à cette problématique, délicate à traiter, qui s'associe parfois avec le fait d'avoir une belle gueule.

Enfin, s'il est vrai que les personnes de très belle apparence physique reçoivent davantage de propositions amoureuses, certaines «beautés» éprouvent, à l'inverse, de la difficulté à se faire inviter. En effet, croyant que les belles personnes ont toujours un prétendant (ou une promise...), plusieurs n'osent pas les inviter. Cela me rappelle cette jeune beauté féerique qui se faisait très rarement inviter pour danser les slows collés lors des danses du vendredi à l'école secondaire. Elle restait seule, plus souvent qu'autrement. On voulait tous l'inviter à danser, mais faute de courage et croyant qu'elle se ferait sûrement inviter par un populaire membre de l'équipe de football, on restait sur les lignes de côté! Pourtant, si l'on avait osé aborder cette beauté, peut-être aurait-on fait d'une pierre deux coups :

atténuer son malaise d'être observée et nous permettre de mieux la connaître, le temps d'une danse ou, qui sait, de plusieurs.

Dans un livre portant sur l'insécurité dans les relations amoureuses, *If This Is Love Why Do I Feel Insecure?* (Hindy *et al*, 1989), on décrit bien la relation qui existe entre notre niveau d'anxiété et le degré d'apparence physique du partenaire en vue. Plus le ou la partenaire est de belle apparence, plus on devient anxieux. Et plus on éprouve de l'anxiété, comme nous l'avons vu précédemment, plus on risque de bafouiller ou... de s'abstenir.

Les blondes ont-elles plus de plaisir?

Dans le domaine de l'apparence physique, il n'y a pas seulement la beauté qui influence notre jugement sur les autres. Plusieurs caractéristiques physiques, telles que notre coiffure, la couleur de nos cheveux, notre teint, notre morphologie, modifient le jugement que nous portons sur les autres... et que les autres portent sur nous. Avez-vous déjà entendu les dictons suivants : les blondes ont plus de plaisir, les personnes obèses sont gentilles, etc.? Croyez-vous en leur véracité? Même s'ils ne sont probablement pas vrais, ils influencent nos perceptions et parce que nous percevons les gens d'une certaine manière, nous agissons en fonction de nos perceptions. Si je crois que la femme blonde entend à rire davantage, je vais adopter avec elle une attitude légère et humoristique. Par conséquent, la blonde reflètera mon attitude. Elle sera drôle et légère avec moi, non parce qu'elle a les cheveux blonds, mais parce que j'ai agi de cette manière à cause de mes idées préconçues sur les blondes. Il s'agit encore une fois du principe de la prophétie autoactualisante.

D'ailleurs, ces attitudes seraient fort répandues. Richmond et ses collègues rapportent dans leur livre sur la communication non verbale les résultats d'un sondage effectué il y a quelques années pour un grand magazine féminin des États-Unis portant sur les perceptions des gens en fonction de la simple couleur des cheveux. Les réponses vont dans le même sens que les dictons. On dit des rousses qu'elles sont passionnées et colériques, et que les noires sont mystérieuses. Quant aux brunes, elles seraient de «bonnes filles sages»... Bien entendu, les blondes ont plus de *fun*! Impossible de connaître exactement l'origine de ces préjugés, mais ils semblent influencer notre comportement dans le cadre des relations intimes.

La forme est-elle le message?

En plus de nos cheveux, la forme de notre corps transmet beaucoup de messages importants sur qui nous sommes. Plusieurs auteurs ont soulevé l'hypothèse que la morphologie corporelle et la personnalité sont étroitement liées. William Sheldon, le premier à établir ce lien, croit que, en observant la forme corporelle d'un individu, on obtient une assez bonne idée de la «forme» que prendra sa personnalité. Selon Sheldon, le corps des gens épouse, en général, trois formes. Ils sont soit endomorphes, mésomorphes ou ectomorphes. Les endomorphes ont le corps en forme de poire et souffrent parfois d'une légère obésité; les mésomorphes ont le corps ferme et musclé en forme de V, les épaules plus larges que le bassin; enfin, les ectomorphes ont le corps fait sur le long, maigre et avec une musculature peu développée. D'après ces descriptions, Rémy Girard et Jean Charest seraient endomorphes et Jean Chrétien, ectomorphe. Enfin, les

joueurs du Canadien, l'équipe nationale de nage syn-
chronisée de même qu'Annie Pelletier sont sans aucun
doute des mésomorphes.

Des études très intéressantes démontrent que les
gens de morphologie différente se décrivent de manière
différente. En fait, les endomorphes se considèrent plus
souvent comme sociables, *cool*, soumis, pardonnant
facilement, etc. Les mésomorphes se décrivent comme
énergiques, confiants, compétitifs, optimistes, im-
patients. Les ectomorphes se disent tendus, méticuleux,
précis, sensibles, maladroits et retirés. Ce qui apparaît
étonnant ici, c'est que les gens eux-mêmes s'évaluent
de façon différente selon leur morphologie. On peut
donc s'attendre à ce que les gens réagissent de la même
façon en fonction de la morphologie des autres. C'est
exactement ce qui se passe : on juge les gens en
fonction de leur morphologie ainsi que l'illustre une
étude rapportée par Richmond et ses collègues (1991)
dans laquelle on a demandé aux gens de décrire la
personnalité associée à différentes morphologies à
partir de dessins (*line drawings*).

Cependant, ces études demeurent controversées et
comme toutes les études, elles ne soulignent pas les
différences individuelles. Vous connaissez sans doute
des gens dont la personnalité ne correspond pas aux
stéréotypes associés à leur morphologie. Peut-être
sentez-vous que votre personnalité ne «colle» pas à
votre corps. Cependant, retenons que, dans l'ensemble,
les gens nous jugent parfois en fonction de notre
morphologie et agissent en fonction de celle-ci. Par
exemple, avez-vous tendance à percevoir les personnes
endomorphes comme gentilles, drôles et réconfor-
tantes? Vous montrez-vous, en conséquence, spontanément aimable avec ces personnes avant même de les
connaître? Il est donc possible que la forme corporelle

d'un individu ne soit pas la cause de sa personnalité, mais que cette dernière se développe en fonction des interactions de cet individu avec son entourage. Ce phénomène s'apparente à celui observé chez les «beautés» : la prophétie autoactualisante. Il n'est pas rare de croire que les gens ont changé de personnalité après avoir perdu ou gagné plusieurs kilos!

Sur le plan de la séduction, la forme de notre corps joue un rôle très important. Vous voyez sûrement où je veux en venir... Nous sommes davantage attirés par les mésomorphes. Bien que la mode actuelle valorise souvent, pour la femme, la morphologie ectomorphe (avec des conséquences parfois désastreuses : surconsommation de régimes, image déformée de soi-même, anorexie), de façon générale les mésomorphes ont plus de chances d'être choisis pour la sélection sexuelle. N'est-ce pas simplement un facteur relié aux tendances véhiculées par les magazines de mode? Il semblerait que non : nous choisirions les beaux corps pour des raisons biologiques innées! Une étude démontre que les membres d'une tribu n'ayant jamais été en contact avec les médias préfèrent les partenaires possédant la même morphologie que celle que nous privilégions lorsqu'on leur montre des corps tracés à la main. Par ailleurs, s'il est vrai que les belles femmes d'il y a quarante ans pesaient quelques kilogrammes de plus que les belles femmes d'aujourd'hui, pensons à Marylin Monroe et à Claudia Schiffer, la forme de leur corps, elle, n'a pas changé. Le rapport entre la taille et les hanches est demeuré le même, soit de 0,6 à 0,7 (une femme dont les mensurations sont de 36-24-36 aurait un rapport taille/hanche de 0,66, soit 24 divisé par 36). De même, les dessins de corps choisis par les hommes des tribus ont un rapport de 0,7!

Si l'on résumait...

En l'espace de quelques secondes, les gens tirent des conclusions, souvent durables, en fonction de notre coiffure, de notre morphologie, etc. Si nous sommes de très belle apparence physique, ces jugements semblent, à court terme, nous favoriser. Les « beautés » partiraient donc avec une longueur d'avance sur le plan de la séduction. Cependant, elles ne sont pas toujours avantagées par le stéréotype « ce qui est beau est bon ». Certaines sentent beaucoup de pression sur leurs épaules et plusieurs se passeraient de l'attention quasi idyllique qu'on leur accorde. À la lecture de ce chapitre, peut-être que ces beautés pourront apprécier un peu plus les avantages de leur apparence physique. Ceux d'entre nous qui les idéalisent se rendront peut-être compte qu'elles ne sont pas, en réalité, meilleures qu'eux, mais que leur confiance apparente résulte souvent de leurs propres interprétations et de leurs réactions envers elles. Peut-être pourrions-nous diminuer notre anxiété en évitant de les mettre sur un piédestal. De plus, comme nous le verrons sous peu, l'apparence physique n'est pas le seul facteur qui influence notre choix de partenaire...

Enfin, ceux qui prévoyaient tout de même perdre quelques kilos et reprendre un peu de muscles, histoire de « revamper » leur santé, ont une raison supplémentaire : ils seront perçus plus favorablement et augmenteront leurs chances de séduire. Sans compter que si l'on peut agir sur notre première peau, soit notre apparence physique, imaginez ce qu'on peut faire avec la deuxième... C'est ce que nous verrons au prochain chapitre : « L'habit ne fait pas le moine, mais... » Pour ceux qui s'aiment comme ils sont, avec un peu de poids en trop, tant mieux. Les gens qui prendront le temps de vous connaître apprécieront cette confiance et vos qualités trouveront preneur. Rappelez-vous : qui se ressemble s'assemble...

7

Les vêtements dans le processus de séduction

Elle n'était pas la plus jolie. Mais sa robe rouge légèrement moulante au tissu recherché mettait en évidence les formes de son corps sain. Cette tenue à la fois simple et osée laissait entrevoir une personne confiante et chaleureuse.

Même si nous ne sommes pas de foudroyantes beautés physique, nous pouvons repousser les limites imposées par l'hérédité. Du maquillage à la chirurgie esthétique en passant par les appareils de musculation, tout nous invite à améliorer notre apparence et donc nos chances de séduction. Pour y arriver, nous n'avons pas nécessairement besoin du bistouri ! Une saine alimentation vivifiera notre teint et ajoutera du reflet à nos cheveux en plus de faire fondre ces quelques kilos en trop. L'activité physique produira un effet semblable tout en ajoutant de la fermeté à nos muscles. Le maquillage camouflera certaines rides ou imperfections, mais il s'adresse surtout, dans notre culture, aux femmes. Enfin, il y a une chose qu'hommes et femmes peuvent faire pour s'embellir : porter une plus grande attention à leur tenue vestimentaire.

La plus séduisante des toiles

La tenue vestimentaire constitue donc une habileté de communication non verbale à ne pas négliger. Si notre corps, notre visage et notre coiffure transmettent des messages, il en va de même pour nos vêtements. Dans notre climat, de 70 % à 90 % de la superficie de notre corps est recouverte de tissu. Lorsque les gens nous jugent par de simples regards rapides, ils jugent la toile qui recouvre notre corps! Cette toile aux multiples couleurs prend de nombreuses formes et communique plusieurs messages interprétés de bien des façons dans de multiples situations par de nombreuses personnes. Ouf! Nous pouvons nous vêtir pour nous protéger ou camoufler... ce qu'il y a à camoufler, pour convaincre, faire rire et aussi, pour séduire.

Un petit exercice...

◆ Choisissez deux ou trois personnes que vous trouvez séduisantes.

◆ Dressez la liste de toutes les caractéristiques qui font en sorte que ces personnes vous plaisent. Cette liste peut inclure des détails concernant la coiffure, le corps, le visage, l'odeur corporelle, le style vestimentaire et la personnalité.

◆ Accordez un maximum de 10 points par caractéristique. (0 = pas importante; 10 = très importante).

◆ Faites le total. Combien de points attribuez-vous à la tenue vestimentaire? Comparativement aux autres éléments, la tenue vestimentaire compte-t-elle pour beaucoup? Quel pourcentage des points alloués obtient-elle?

◆ Refaites maintenant l'exercice avec deux ou trois aspirants amoureux que vous ne trouviez pas tout à fait à votre goût. Qu'est-ce que vous n'aimiez pas chez eux? La tenue vestimentaire compte pour quel pourcentage du total de ce que vous n'aimiez pas? Si ces personnes avaient porté un autre style de vêtements, votre décision de les fréquenter en aurait-elle été influencée?

Elle avait mis ses talons hauts...

Si notre style vestimentaire peut multiplier nos chances de séduction, il peut également les réduire. Il y a plusieurs années, je travaillais comme préposé aux bénéficiaires dans un hôpital afin de payer mes études en psychologie. Un été, une candidate à la profession d'infirmière a obtenu un poste dans notre service. Elle était très jolie, grande, blonde, sportive et... célibataire. Après quelques semaines de conversations légères et amicales, je décide de l'inviter dans un bon restaurant. Le soir venu, elle se présente vêtue d'un jeans moulant, d'une camisole encore plus moulante coupée au nombril, visiblement sans soutien-gorge. De plus, elle était chaussée de souliers à talons aiguilles. Sans doute était-elle *sexy*, mais un peu trop pour le genre de restaurant envisagé. D'abord surpris, j'ai ensuite laissé tomber le veston et annulé la réservation. Nous sommes allés sur la terrasse d'un bistrot où sa tenue vestimentaire convenait davantage. Nous avons passé une agréable soirée, mais nous étions d'un style vestimentaire et de personnalité trop différents. J'ai revu quelquefois cette fille à l'extérieur de l'hôpital et elle était toujours vêtue de la même façon. Je ne pouvais aucunement prévoir qu'elle était de ce style lors de nos rencontres à l'hôpital, car elle était en uniforme! Elle pouvait bien être la plus jolie fille sur la terre, son style vestimentaire n'était pas le mien (ni le mien le sien!) et ce qui aurait pu être une agréable relation est demeurée sans suite, entre autres à cause de cela.

L'habit ne fait pas le moine, mais...

Comment les vêtements peuvent-ils prendre autant d'importance dans le cadre des relations intimes? En fait, les vêtements dévoilent aux autres plusieurs indices. Des spécialistes de la communication non verbale croient même que la façon dont les gens s'habillent constitue l'élément le plus influent dans le processus de formation des premières impressions. En matière d'effet sur le jugement des autres, l'habit ferait-il le moine?

D'après certaines études, les vêtements que nous portons reflètent une partie de notre personnalité. Par exemple, les personnes qui portent des couleurs foncées ont tendance à être avenantes et sociables, et celles qui portent des vêtements avec de petits motifs se montrent plutôt conformistes et aiment produire une bonne impression. Certains chercheurs ont étudié la relation entre la personnalité et les vêtements chez un groupe de femmes. Celles qui suivent la mode assidûment seraient conventionnelles, consciencieuses, tenaces, méfiantes et tendues. Les femmes qui choisissent leurs vêtements sur des bases économiques se révéleraient plutôt responsables, alertes et méticuleuses (Richmond *et al.*, 1991). Vraiment? John T. Malloy, l'auteur du best-seller *Dress for Success*, affirme que «ce n'est pas l'habit en soi qui influence notre personnalité. L'habit influence les jugements des autres à notre égard et ces jugements, à long terme, influencent nos comportements; l'ensemble de nos comportements détermine à son tour ce qu'on appelle la personnalité».

Une question de pouvoir

Les vêtements transmettent de puissants messages sur notre pouvoir. Toujours selon Malloy, longtemps considéré comme l'un des plus réputés consultants en tenue vestimentaire auprès de politiciens, de dirigeants d'entreprises, d'artistes et d'avocats, ce que notre tenue vestimentaire «dit», c'est : «Je suis plus important que vous, accordez-moi le respect approprié» ou «Je suis aussi important que vous, traitez-moi en conséquence», ou encore «Je ne suis pas aussi important que vous et vous pouvez me traiter ainsi». Plusieurs études viennent appuyer ces affirmations (Richmond *et al.*, 1991). On retiendra que, de façon générale, plus notre tenue est élégante et de couleur foncée (principalement le bleu), plus on nous perçoit comme étant quelqu'un d'un niveau socioéconomique élevé et plus on obtient le respect. Par exemple, les jeunes professeurs obtiennent plus de respect de la part de leurs étudiants s'ils sont bien vêtus. De la même façon, les avocats tirés à quatre épingles gagnent plus de causes devant les juges, les patrons éprouvent moins de difficultés à exercer leur autorité et les vendeurs vendent davantage. En politique, le choix des vêtements peut faire presque gagner ou perdre des élections. En 1960, John F. Kennedy aurait remporté un important débat télévisé et les élections contre Nixon en portant un habit foncé qui aurait attiré l'attention des téléspectateurs sur ce jeune candidat. Selon plusieurs experts, Richard Nixon aurait lui aussi donné une bonne performance (qui fut d'ailleurs jugée meilleure par ceux qui avaient capté le débat à la radio); mais vêtu d'un complet pâle, il était invisible sur l'écran noir et blanc de l'époque et il ne faisait pas figure d'autorité, contrairement à Kennedy. En ce qui concerne les relations amoureuses, peu de gens nieraient qu'une personne ayant l'air important les attire davantage. Si l'on en croit les études, à défaut de ne pas savoir comment s'habiller pour une «soirée de séduction», on portera du foncé et on s'habillera plus chic que moins... On s'organisera tout de même pour se reconnaître en passant devant un miroir! Si en portant un décolleté vertigineux, on a soi-même le vertige, la soirée sera longue... Aussi, si un élément de notre garde-robe sème le doute en nous, on s'abstiendra de le porter!

Qui se ressemble, bis...

Notre façon de nous vêtir peut aisément affecter notre popularité. Si nous nous habillons du même style que les personnes avec qui nous voulons entrer en relation, nous augmentons nos chances de nous faire accepter d'elles. Richmond et ses collaborateurs (1991) expliquent ce phénomène par le principe de «qui se ressemble s'assemble» évoqué au chapitre 2. Nous aimons les gens qui nous ressemblent parce que c'est psychologiquement réconfortant d'être avec nos égaux. La jolie infirmière célibataire n'a sans doute pas suivi ce principe et moi non plus. Peut-être le fossé de nos différences était-il trop grand. Peut-être ignorions-nous tout simplement que le fait de se vêtir du même style que l'autre personne multiplie les chances de la séduire.

Des atouts pour chacun

Malloy consacre un chapitre entier de son livre à l'art de s'habiller pour séduire. Ce guide s'adresse principalement aux hommes, mais certains conseils s'appliquent également aux femmes. D'abord, Malloy suggère de s'habiller une classe au-dessus de la nôtre pour transmettre le message que nous sommes importants. Ensuite, il recommande de mettre en évidence nos avantages physiques. S'il s'agit d'une rencontre à caractère privé, l'homme musclé devrait porter un chandail plus moulant et éviter de camoufler son corps par des vestons. La femme qui a une jolie poitrine pourrait également porter un chandail moulant ou une blouse plus décolletée. Et rien de tel qu'une jupe courte toute simple pour mettre en valeur de jolies jambes… Enfin, à ceux et celles qui ne sont pas nécessairement avantagés par leur physique, soit la plupart d'entre nous, l'auteur suggère d'utiliser nos vêtements à notre avantage en donnant quelques trucs que certains connaissent déjà. Les personnes qui souffrent d'un excès de poids devraient éviter les vêtements ajustés (les endomorphes, voir chapitre précédent) ainsi que les vêtements lignés et accorder une préférence aux couleurs plus foncées. Les personnes très minces (les ectomorphes), voire maigres, devraient s'en tenir aux vêtements plus amples et de couleur pâle. Bien sûr, l'idéal demeure de porter une couleur qui met en valeur à la fois notre silhouette et notre teint!

Une sortie, deux règles!

Selon l'auteure de *Dating for Dummies*, Joy Browne, deux règles doivent être respectées en matière de vêtements lors d'une première sortie avec quelqu'un :

1. LA TENUE VESTIMENTAIRE, on y pense toujours avant, jamais pendant.

   On essaie donc ses vêtements bien avant la sortie et on s'assure d'être tout à fait à l'aise de les porter. Le confort du corps, c'est aussi celui de l'esprit!

2. IL N'Y A PAS UNE FAÇON DE S'HABILLER. Tout dépend du contexte, de notre personnalité, de l'image que nous voulons projeter. Notre deuxième peau doit nous donner de l'assurance... l'assurance d'être nous-même. Mieux vaut porter un pantalon avec lequel on se sent *sexy* qu'un tailleur qui nous rappelle notre dernière entrevue d'embauche... Allez, un, deux, trois... GO!

* Pour d'autres trucs éclair sur tout ce qui entoure les premières rencontres, on lira avec profit le chapitre «La séduction en action».

Par ailleurs, selon Malloy, les femmes aimeraient les hommes à la mode, c'est-à-dire ceux qui, sans rechercher ce qui est le plus «tendance», savent choisir des vêtements seyants, agencer textures et couleurs, bref, coordonner le haut classique ou *in*... avec le bas classique ou *in*! Puisque plusieurs hommes ne connaissent pas grand-chose sur ce plan (même si l'on remarque de plus en plus «d'exceptions»), il suffirait de peu d'efforts pour se démarquer des autres. En fait, la femme percevrait l'homme à la mode comme une personne plus rusée et intelligente, et ces qualités valent leur pesant d'or sur le plan de la séduction. Si l'on caricature, l'homme qui ne porterait pas les infâmes bas blancs avec des pantalons foncés passerait pour un fieffé renard aux yeux de certaines femmes! Sachant que bien s'habiller constitue un défi pour l'homme, Malloy va jusqu'à suggérer à ce dernier de se trouver une femme qui l'habillera avec goût : ainsi, l'homme sera habillé pour séduire les autres femmes! Il s'agit d'une blague, bien sûr, un rien désuète, j'en conviens... Les hommes et les femmes en mal d'idée ou de temps seront ravis d'apprendre que certains stylistes se spécialisent dans un service de consultation vestimentaire et peuvent même se déplacer jusqu'aux lieux de travail!

À Rome, faites comme les Romains

Si pour certains suivre la mode ou s'habiller avec goût semble une seconde nature, pour d'autres, c'est toute une histoire. Pourtant, bien s'habiller à peu de frais demeure assez simple. La grande difficulté, pour plusieurs mal «froqués», c'est que, d'une part, ils oublient l'importance des vêtements dans le processus de séduction et que, d'autre part, leur sens de l'observation n'est pas suffisamment développé. Ils ne regardent pas assez autour d'eux! En fait, la clé du succès dans le choix de vos vêtements réside dans votre capacité à observer les tendances vestimentaires. Comment les gens s'habillent-ils? Plus particulièrement, comment s'habillent ceux que vous respectez, que vous trouvez attrayants ou qui sont reconnus pour leur élégance dans votre environnement? Inspirez-vous d'eux en ajoutant votre touche personnelle. N'oubliez pas d'ajuster votre tenue aux différentes situations. Portez attention à la manière dont les gens s'habillent au travail, dans les restaurants ou les bars que vous fréquentez, de même que dans les réceptions et les pays que vous visitez.

Au début des années 1990, j'ai fait un stage dans une université américaine, à Columbia, dans l'État du Missouri. Je suis parti au début de l'hiver avec mes belles bottes de cow-boy à la fine pointe de la mode montréalaise. Très tôt, un nouvel ami américain m'indiquait que, là-bas, il n'y avait rien de moins *cool* que ça, d'autant que ces bottes revêtaient une signification différente selon qu'on les porte au Missouri ou à d'autres endroits. Un Américain du Midwest qui conseille un Québécois sur la mode, c'est rare! J'aurais pu m'entêter à porter mes bottes, mais j'aurais couru le risque d'éprouver de sérieuses difficultés d'intégration et d'effectuer moins de rencontres. J'ai choisi un autre style de chaussures... que j'ai dû ranger dès mon retour à Montréal. À Rome...

Les nouveaux venus...

Plusieurs personnes deviennent célibataires après avoir été en relation de couple pendant de nombreuses années. Ces nouveaux venus sur le marché des célibataires ne savent tout simplement plus comment les gens s'habillent dans les bars, sur les pistes de danse, etc. Nombre d'entre eux subissent un choc lorsqu'ils se rendent compte que la mode a changé depuis leur dernière sortie dans les bars il y a trois, cinq, dix... ou vingt ans.

Je me souviens de la touchante histoire d'un client, Paul, qui est allé dans un bar-rencontre pour la première fois depuis dix ans. Depuis que sa femme l'avait quitté, il était atterré et après plusieurs mois à passer ses week-ends seul à regarder la télévision ou encore chez sa mère, il a accepté ma suggestion de sortir dans un bar-rencontre. Ce mécanicien dans la trentaine possédait plusieurs atouts. Il était grand, sportif, sociable et de belle apparence. Tout ce qu'il faut pour remporter beaucoup de succès dans un bar-rencontre. Je n'avais aucunement songé à la question de la tenue vestimentaire. Paul a choisi un bar à la mode après avoir entendu une publicité à la radio vantant son atmosphère. Courageux et motivé à briser sa solitude, il est sorti... Un désastre!

Il s'était vêtu d'une chemise de couleur pastel, d'un veston blanc en coton du style popularisé par Don Johnson dans l'émission télévisée des années 1980, *Miami Vice*, le tout agrémenté d'une cravate très étroite en cuir vert lime. Il s'agissait de vêtements qu'il avait portés seulement quelques fois à l'époque où il sortait dans les bars. Dans la file d'attente à l'extérieur, Paul a entendu un groupe de femmes se demander en le regardant si elles allaient assister à une soirée «retour aux années 1980». Elles riaient aux éclats! Après avoir franchi le seuil, il a entamé une conversation avec une femme assise seule au bar. Il l'aurait abordée tout à fait adéquatement, avec humour et raffinement, mais la femme se montrait fort peu réceptive. Elle le regardait à peine et après une minute de conversation, elle est partie en le complimentant sur sa cravate! Cette nuit-là, il a été incapable de dormir. Il ne pouvait retenir ses larmes à la suite de cette atteinte à une estime de soi déjà martelée par la séparation. Certains d'entre vous diront peut-être : quel «quétaine», il n'avait qu'à aller dans un bar de son style! Détrompez-vous! Loin d'être «quétaine», il se présentait toujours en tenue appropriée lors de nos rencontres. Il ne savait tout simplement pas comment se vêtir dans cette situation particulière. Nous avons travaillé ensemble cet aspect. Je lui ai demandé d'acheter des revues de mode masculine, et de me faire part de ses observations sur la manière dont les hommes étaient vêtus dans ce bar. Je lui ai également suggéré d'aller magasiner. Une semaine avant sa sortie, je lui ai proposé de venir à mon bureau vêtu de ses nouveaux vêtements. Il était très élégant. Un mois après sa mauvaise expérience, il est retourné dans le bar où il avait subi l'humiliation (quel courage!), avec plus de succès cette fois.

Avant de terminer, je désire apporter quelques nuances au sujet de l'influence des vêtements sur le jugement. S'il est vrai que plusieurs recherches rigoureuses appuient la notion que les gens nous jugent en fonction de nos vêtements, ces jugements ne se révèlent pas toujours exacts. Ils le sont plus souvent en ce qui concerne notre âge, notre nationalité, notre niveau socioéconomique et notre degré de scolarité. Mais lorsqu'on juge la personnalité de quelqu'un en fonction de ses vêtements, on peut facilement se tromper. De là sans doute l'origine du proverbe «l'habit ne fait pas le moine». Par ailleurs, nos vêtements influencent surtout les gens qui ne nous connaissent pas beaucoup. Comme l'apparence physique, la tenue vestimentaire agit principalement sur les premières impressions et puisqu'on n'a pas une deuxième chance de faire une bonne première impression... autant se montrer toujours à son avantage!

En résumé...

Les vêtements constituent de précieux outils de communication qui influencent les perceptions des gens. Ils nous permettent de franchir les limites imposées par l'hérédité. Les «beautés» mal fagotées n'auront pas plus de chances dans le processus de séduction que les personnes d'apparence physique moins flamboyante au goût vestimentaire sûr. Et puis, quand nous sentons que les vêtements nous conviennent, c'est plus facile de nous sentir bien… tout court!

8

Les gestes pour séduire...

L'agent secret britannique 007, James Bond, est un sacré bon séducteur. Il est beau, grand et bien proportionné, mais surtout, il a les gestes pour séduire. Confiant, il se déplace d'un pas décidé. Sa démarche est souple et éloquente. L'agent 007 se tient droit, mais de manière décontractée. Il a un petit sourire en coin à la fois chaleureux et gamin. Bond sait également comment doser sa distance interpersonnelle avec les femmes qu'il tente de séduire et en vient rapidement à toucher ces femmes comme il le faut, du moins doit-on le croire...

Les gestes de Bond, comme ceux de toute personne séduisante, produisent chez nous un effet qui va bien au-delà de l'apparence physique. Mais comment et pourquoi? Bond ne serait-il qu'un individu sachant communiquer, utiliser son corps et sa voix pour transmettre des messages positifs qui parviennent à nous séduire? Plusieurs recherches en psychologie portent sur les différentes composantes de la communication non verbale et leur effet sur nous. À la lumière de ces connaissances, voyons comment nos gestes peuvent séduire.

Je rappellerai d'abord l'importance de la communication non verbale. Des études suggèrent que, contrairement à la croyance populaire, la communication non verbale transmet des messages plus puissants que les mots. Environ 65 % du message que nous transmettons dans nos communications est d'origine non verbale. En outre, notre langage non verbal serait plus crédible que nos mots. Prenons l'exemple d'une personne qui marche lentement sans sourire, les épaules courbées vers l'avant. Elle a beau nous dire qu'elle va bien, nous ne la croyons pas. Ses gestes trahissent son état d'âme et nous transmettent le message qu'elle a probablement des soucis, qu'elle est triste ou déprimée et qu'elle a peut-être perdu confiance en elle. Sans connaître *exactement* sa pensée, on sait que quelque chose ne va pas. Certains spécialistes de la communication utilisent même la communication non verbale pour déceler les menteurs ! Les chercheurs se sont donc demandé comment notre langage non verbal influence la perception des gens à notre égard. Les stratégies qu'ils nous proposent s'appliquent facilement à la séduction. Voyons comment nous pouvons utiliser nos yeux, notre voix, notre expression faciale, notre façon de toucher et de prendre une distance interpersonnelle pour séduire.

Les yeux du cœur...

C'est un fait, nous devenons tous quelque peu anxieux lors des premières rencontres amoureuses. Nous ne voulons pas laisser transparaître notre anxiété, mais bien souvent, nos gestes nous trahissent. Ainsi, nous évitons de regarder dans les yeux la personne qui nous a séduit. Comme si nous craignions que cette personne *voit* cette anxiété dans notre regard et qu'elle porte sur nous un jugement défavorable. Nous croyons sans doute, comme le veut l'adage, que «les yeux sont le miroir de l'âme».

Toutefois, pour séduire, il *faut* regarder la personne dans les yeux. Le fait d'éviter les yeux de l'autre peut s'interpréter comme un manque d'intérêt pour la personne. «Il ne me regarde même pas quand je lui parle, je suis certaine que je ne l'intéresse pas», me confie Sonia, une cliente blessée. «La prochaine fois qu'il me lance une invitation, je refuse. Le fait qu'il ne me regarde pas souvent dans les yeux me rend trop anxieuse. Je mérite qu'on me regarde. Je suis assez importante et intéressante.» Sonia a en partie raison : elle mérite de se faire regarder dans les yeux. Cependant, elle a peut-être mal compris le comportement de son nouvel ami. Il était probablement timide et anxieux avec elle, plutôt que désintéressé. Le comportement non verbal du jeune homme a bien failli être mal interprété, ce qui aurait pu avoir pour conséquence de saboter une relation potentiellement agréable.

Par ailleurs, le fait de ne pas regarder dans les yeux est souvent perçu comme un manque de confiance en soi. Une caractéristique pas vraiment des plus désirables sur le plan de la séduction! De surcroît, on ne veut certainement pas être perçu comme quelqu'un qui n'a pas confiance en soi quand cela ne s'avère pas nécessairement le cas! Il s'agit donc simplement de modifier cet aspect de son comportement.

Devons-nous pour ce faire projeter sans cesse notre regard sur l'autre? Surtout pas! Cela pourrait s'interpréter comme une forme d'agression. La personne peut se sentir observée à outrance et jugée, ce qui pourrait l'amener à nous éviter. À quelle fréquence alors devons-nous regarder les gens dans les yeux? Des études démontrent que lors d'une conversation normale, les gens se regardent dans les yeux en moyenne 40% du temps et la durée de chaque contact visuel va de une à trois secondes. Cependant, les amoureux se regardent plus souvent et plus longtemps dans les yeux. Qui n'a pas observé un couple d'amoureux se fixer dans les yeux pendant de longues minutes? Il s'agit du «regard des amoureux», un comportement oculaire qui leur appartient en propre. Au tout début d'une nouvelle relation amoureuse, le fait de regarder quelqu'un entre 40 % et 60 % du temps dans les yeux pour des périodes allant de une à trois secondes serait tout à fait approprié. Plus la relation avance, plus les regards peuvent être fréquents et plus longue est la durée (Richmond *et al.*, 1991; Boisvert et Beaudry, 1979). Et puis, si quelqu'un vous regarde dans les yeux durant de longues minutes, peut-être est-il en amour... Sachez capter le signal!

Belladona ou la dilatation des pupilles comme atout de séduction

Pendant que vous regardez la personne dans les yeux, observez bien ses pupilles. Si elles sont dilatées, elle est peut-être fortement attirée par vous. Lorsque nous sommes excités, nos pupilles se dilatent et comme vous le savez, l'amour excite... Au début des années 1960, les chercheurs Hess et Polt remarquent que les pupilles d'hommes et de femmes se dilatent lorsqu'on leur présente des photos sensuelles. De plus, sur les photos, les personnes ayant les pupilles dilatées sont perçues comme étant plus séduisantes que celles dont les pupilles ne sont pas ainsi agrandies. Étrange phénomène, n'est-ce pas? Il y a plusieurs siècles, les femmes se servaient de la drogue *belladona* (le même médicament que l'ophtalmologiste utilise lors des examens) pour se dilater les pupilles afin de se rendre plus belles et désirables. Aujourd'hui encore, certaines femmes (les hommes restent muets sur ce point!) n'hésitent pas à faire gicler un peu du jus d'une orange dans leurs yeux pour que ceux-ci étincellent!

Bien sûr, à moins d'avoir accès à la *belladona* (ou de traîner une orange partout où l'on va!), nous pouvons difficilement contrôler nos pupilles. Alors si la personne que vous aimez a les pupilles dilatées, c'est bon signe! Attention cependant aux fausses joies! Les pupilles se dilatent également lorsque l'éclairage est faible. Ce n'est peut-être pas vous qui faites dilater ses pupilles, mais plutôt votre souper à la chandelle!

Trois trucs

Lors de votre prochaine soirée de séduction...

◆ Regardez la personne dans les yeux de une à trois secondes à la fois... de 40% à 60% du temps.

◆ Ne fixez pas l'autre constamment, il risque de se sentir intimidé ou envahi. Trop, c'est comme pas assez!

◆ Observez bien la personne : si elle vous regarde durant de longues minutes ou que ses pupilles sont dilatées, peut-être est-elle en amour ou du moins, très attirée par vous!

La bonne «voix» de la séduction

Avez-vous déjà rencontré une personne qui vous semblait moyennement attrayante, mais qui a réussi à vous séduire par sa voix? À l'inverse, avez-vous déjà changé d'avis sur quelqu'un que vous trouviez beau... jusqu'à ce qu'il prononce quelques mots? On sous-estime le pouvoir de la voix. Des recherches démontrent que la voix a plus d'influence que les mots : ces derniers compteraient seulement pour 7% du message retenu

(Richmond *et al.*, 1991; Devito, 1990; Boisvert et Beaudry, 1979). Pourtant, si l'on nous enseigne à peser nos mots, à soigner notre diction et à utiliser un vocabulaire recherché, on nous parle rarement de la bonne utilisation de nos cordes vocales. Dommage, car il semble que ce ne soit pas tant ce que l'on dit qui importe, mais comment on le dit ! À cet effet, les différentes composantes de notre voix telles que le volume, le timbre, le rythme et l'accent ainsi que la qualité de la voix (nasillarde, enrouée, etc.) jouent un rôle crucial en communication et en séduction.

Pensez à certains animateurs d'émissions radiophoniques de fin de soirée. Plusieurs ont des voix graves, douces et sensuelles, et ils manipulent le rythme de leur voix de façon à détendre, à réconforter et à faire diminuer les angoisses de la journée terminée et de la nuit à venir. Parfois, ils arrivent même à nous séduire… Plutôt que les mots, on retient la voix qui fait danser ceux-ci. Sans avoir vu la personne, on a l'impression qu'elle est la plus belle du monde. Voilà qui illustre bien le pouvoir de séduction d'une voix, qui peut faciliter ou empêcher le dénouement d'une relation…

Concrètement, les voix graves – mais pas trop graves chez les femmes ! – nous séduisent plus que les voix aiguës. Une voix grave donne l'impression d'être sensuel, sophistiqué, fort et protecteur. Une voix aiguë donne l'impression d'être nerveux et moins confiant. S'il n'est évidemment pas possible de changer nos cordes vocales, on peut toutefois apprendre à mieux en jouer ! Céline Dion, l'une des plus belles voix du monde selon plusieurs, ne suit-elle pas des cours de chant ?

Il ne s'agit pas d'imposer ici les vocalises (cela dépasserait à la fois mes compétences et le sujet du livre !). Je crois plutôt que le fait de prendre conscience de l'importance de la voix dans la séduction devrait produire certains changements. De plus, il est intéressant de comprendre que l'anxiété associée au processus de la séduction modifie un peu notre voix. D'ailleurs, l'anxiété crée une tension dans la voix qui en diminue la clarté et la rend plus aiguë. Il est suggéré de diminuer cette tension en parlant moins fort et de façon plus grave. Au début, ce comportement ne vous semblera pas naturel. Soyez rassuré, la voix s'ajustera d'elle-même lorsque la tension se dissipera, et il n'y aura pas autant d'efforts à fournir. D'autres auteurs soulignent aussi qu'il est préférable de parler un peu plus rapidement que lentement. Un débit verbal rapide est souvent perçu comme un signe d'intelligence, la personne est « vite sur ses skis ». Le slalom peut cependant apeurer et faire trébucher !

Trois trucs

Lors de votre prochaine soirée de séduction...

◆ Prenez le temps de bien respirer.

◆ Chassez les « chats » de votre gorge.

◆ « Ressentez » votre voix dans le thorax plutôt qu'au niveau de la gorge et de la tête.

Pour que l'amour vous sourie, souriez !

Le sourire constitue probablement l'expression faciale la plus positive et la plus universellement reconnue. Les gens qui sourient souvent sont considérés comme plus chaleureux et aimables. Un sourire authentique communique plusieurs messages positifs.

Il peut vouloir dire : je suis bien avec toi, je te trouve sympathique, je t'aime bien, je suis ouvert à ce qui se passe entre nous ou je n'ai pas peur de toi, je ne suis pas en colère contre toi, etc.

Le sourire est également notre marque de commerce. Il n'existe pas deux sourires identiques ! Certains, comme James Bond, ont un léger sourire en coin. D'autres sourient généreusement à pleines dents. Notre sourire peut aussi varier selon la situation ; tantôt il est coquin et séduisant, tantôt il est chaleureux et réconfortant. Il peut être bref ou prolongé. Peu importe le type de sourire, en matière de séduction, il est préférable de sourire plus souvent que moins.

Cette dernière consigne se révèle particulièrement importante lors des premières rencontres avec quelqu'un. Au début des fréquentations, même si l'on est très heureux avec la personne, l'anxiété ressentie peut crisper nos muscles faciaux et modifier l'expression de notre visage. Les premiers temps d'une relation, nous éprouvons plein d'inquiétudes. Nous craignons le jugement de l'autre, nous avons peur de le blesser, etc. Pensez à quelque chose qui vous effraie. Par exemple, vous êtes victime d'un vol qualifié. Quelle expression votre visage a-t-il ? Vous ne souriez sûrement pas. Voilà pourquoi vous n'affichez pas un sourire resplendissant lorsque vous êtes anxieux.

Il n'existe pas de danger réel à sortir avec quelqu'un. De plus, la psychologie nous apprend que nous pouvons agir d'une façon incompatible avec nos sentiments. C'est ce que font les acteurs… et les politiciens, ajouteront certains. On peut donc sourire même si l'on est anxieux. En fait, lorsqu'on développe un comportement incompatible avec nos sentiments, à la longue, ce comportement change nos sentiments. Donc, si nous sourions, peu à peu l'anxiété se dissipera. L'autre personne sera plus à l'aise et sourira probablement davantage. Ses sourires engendreront à leur tour un effet positif sur notre humeur, ce qui nous encouragera à sourire encore plus. Dans le processus de séduction, il est donc avantageux pour nous comme pour l'autre de sourire.

On connaît tous des gens qui ne sourient pas beaucoup. Ils ne sont ni anxieux ni nécessairement malheureux avec nous. Ils n'ont tout simplement pas appris à sourire autant. Leurs parents souriaient probablement peu sans obligatoirement être malheureux. Le comportement de ces gens entraîne parfois, pour eux et pour les autres, des conséquences négatives. Ces individus nous rendent mal à l'aise et nous les jugeons, souvent à tort, de façon plus négative. Ils peuvent donc subir davantage de rejets, car nous pensons qu'ils ne sont pas intéressés à nous. Dans le cadre de la séduction, ils auraient la vie un peu plus facile (et les autres aussi)! s'ils souriaient davantage. Nous pouvons également nous montrer un peu plus patients et tolérants avec eux.

À l'inverse, certaines personnes sourient sans cesse, dans des situations appropriées, mais aussi dans des situations où une démonstration de tristesse s'avérerait plus habituelle, lors de funérailles par exemple. Ce comportement peut être perçu comme un manque de sincérité ou un indice de manipulation.

Trois trucs

Lors de votre prochaine soirée de séduction…

◆ Souriez plus souvent qu'autrement.

◆ N'oubliez pas que la séduction est censée être une activité agréable (ça devrait vous aider à croire à votre sourire).

◆ Souriez aussi des yeux!

La posture et la gestuelle

James Bond est décontracté sans être mou ni affaissé. Il a une démarche rapide, un pas souple et harmonieux. Aucune magie ici! Ce séducteur fait simplement preuve d'une bonne communication... à la portée de tous!

Voyons ce que la psychologie moderne nous apprend sur la posture et la gestuelle, et essayons d'appliquer ces connaissances à la séduction. Selon plusieurs recherches, on considère les gens qui se tiennent trop droit et qui ne gesticulent pas du tout comme nerveux, rigides, peu confiants et trop sérieux. Les gens qui ont les épaules courbées vers l'avant et qui gesticulent trop sont également perçus de cette façon. En matière de séduction, ces postures sont probablement les moins *sexy*! Les individus trop décontractés sont parfois considérés comme nonchalants, mais au moins ils ont un peu plus de *sex-appeal*! La posture de séduction idéale ressemble davantage à celle de Bond.

La démarche se révèle également importante en matière de séduction. J'ai fréquenté un jour une femme que je trouvais séduisante et très *sexy*. Je suis allé en vacances avec elle et nous avons pris des photos. À mon retour, en observant les photos, je la trouvais soudainement moins *sexy*. Étrange, me suis-je dit. J'ai demandé à des copains qui ne l'avaient jamais vue en personne ce qu'ils en pensaient. «Pas mal», ont-ils répondu, sans plus. Quelques jours plus tard, nous passons un moment ensemble. Curieusement, je la trouvais de nouveau très séduisante. Je me suis alors aperçu que ce que je trouvais attrayant chez elle n'était pas simplement son apparence physique, mais bien le tout. J'aimais sa voix, son sens du toucher, son sourire; sa façon de se tenir et de bouger m'impressionnait particulièrement. J'aimais la façon dont elle se passait les mains dans les cheveux et la façon dont elle rougissait en recevant des compliments. Je craquais également pour sa démarche rapide mais gracieuse. Elle respirait la confiance et le bien-être. Pour moi, cela a été la preuve que la séduction n'est pas seulement une question d'apparence physique. Alors, séducteurs, bougez bien et tenez-vous bien... sans vous crisper bien sûr!

Trois trucs

Lors de votre prochaine soirée de séduction...

◆ Portez attention à votre posture et à votre démarche. Concentrez-vous d'abord sur votre dos et vos épaules. Votre dos est-il droit? Vos épaules sont-elles légèrement tirées vers l'arrière?

◆ Détendez vos muscles. Utilisez les techniques de respiration et de détente musculaires décrites au chapitre 4. Pour vous aider, regardez-vous dans un miroir ou à travers une fenêtre. Trouvez-vous votre posture et votre démarche *sexy*?

◆ Maintenant, pensez *sexy*. Pensez élégance. Pensez distinction... je n'ai pas dit crispation. Pensez à une personne que vous trouvez *sexy* : un ami, une vedette de télévision ou de cinéma. Pensez que vous êtes tout aussi *sexy*. Votre état d'esprit influencera votre posture et votre démarche.

La distance interpersonnelle et le toucher
(la bonne distance pour toucher son cœur)

Une amie me confie un jour son expérience lors d'un *blind-date* que j'avais organisé. «Franchement très beau, le mec que tu m'as présenté. Et il est brillant, cultivé...» «Que veux-tu de plus?» lui dis-je sur un ton légèrement pompeux, la croyant enchantée de cette rencontre dont j'avais été l'architecte. «Cet homme a juste un problème. C'est une vraie sangsue! Il a essayé de m'embrasser sur le bord des lèvres au moment des présentations. Ensuite, il a mis sa main sur mes genoux au cinéma. Et au café, il a voulu me prendre la main. Lorsqu'on discutait devant ma porte à la fin de la soirée, il était tellement près de ma figure que j'essayais sans cesse de reculer. Pour être beau, il l'est, mais son comportement m'a vraiment rendue mal à l'aise.» Ouf!

En général, plus les gens sont familiers et plus ils s'aiment, plus leurs corps sont près l'un de l'autre et plus ils se touchent fréquemment. Cependant, la distance interpersonnelle «confortable» varie d'une culture et d'une personne à l'autre, comme l'ont appris mes amis. Les spécialistes en communication affirment qu'une trop grande ou trop petite distance interpersonnelle nuit à une bonne communication. Si nous nous approchons trop d'une personne au début d'un processus de séduction, elle peut nous percevoir comme trop entreprenant. À l'inverse, une trop grande distance pourrait être considérée comme un manque d'intérêt ou une trop grande timidité.

Nous sommes en droit de nous demander quelle est la distance interpersonnelle idéale lors des premières rencontres. Il n'y aurait pas vraiment de distance précise à respecter, mais Edward Hall, dont le champ d'études porte sur la distance interpersonnelle dans la communication, a démontré que nous avons tous une bulle, une sorte de distance interpersonnelle autour de nous qui ne doit pas être pénétrée trop rapidement. Cette bulle mesurerait de 70 à 120 cm de circonférence. Si quelqu'un avec qui nous ne sommes pas intimes entre dans cette bulle, nous nous sentons mal à l'aise. Nous éprouvons de la difficulté à maintenir un contact visuel, nous transpirons davantage et notre voix devient plus hésitante, selon Hall. Cependant, plus nous sommes intimes avec quelqu'un, plus cette distance se rétrécit. En fait, toujours d'après Hall, la distance interpersonnelle des amoureux varie de 0 à 45 cm. Les amoureux ont tendance à être plus proches l'un de l'autre sans inconfort (Richmond *et al.*, 1991; Boisvert et Beaudry, 1979). Le fait d'aimer quelqu'un lui donne un passeport pour entrer dans notre bulle!

Laissons tomber le «gallon à mesurer» mais sachons qu'il est préférable de respecter la bulle de l'autre lors des premières rencontres amoureuses. Au début, il serait approprié de prendre les mêmes distances avec la personne que nous aimerions séduire qu'avec un collègue de travail ou un étranger que nous trouvons sympathique, soit de 70 à 120 cm. La distance peut ensuite se réduire selon l'évolution de la relation. Faites-en l'essai : respectez ces limites et remarquez, de rencontre en rencontre, la distance qui vous sépare de la personne convoitée. Si elle se rétrécit, c'est bon signe, la relation progresse bien. Néanmoins, mieux vaut rester prudent, car on peut bousculer les étapes d'une relation, comme nous l'avons vu.

Je manque de peau!

«Je manque de peau»... Plus d'un célibataire utilise cette expression. Sans blague, on peut littéralement manquer de peau. Outil de communication crucial, sinon vital, le toucher produit des changements hormonaux et cardiovasculaires importants, et serait même nécessaire au développement du nourrisson. Priver ce dernier du toucher le rend vulnérable à toutes sortes de maladies. Au début du siècle, le *marasme*, la maladie de la négligence, affligeait plusieurs enfants dans les orphelinats. L'une des causes : le manque de toucher. Toutefois, il faut attendre la fin de la Deuxième Guerre mondiale pour que la communauté médicale accepte que le toucher puisse être retenu comme un traitement. À cette époque, le taux de mortalité dans les orphelinats se montrait très élevé. Les enfants étaient pourtant bien nourris et techniquement bien traités. Lorsqu'on a embauché de vieilles dames pour les bercer et les nourrir, le taux de mortalité a baissé de façon surprenante. La preuve qu'on peut manquer de peau !

Si l'on reconnaît l'importance et les effets du toucher en Amérique, on n'y recourt pas encore suffisamment. Les Nord-Américains sont ceux qui se touchent le moins. Dans des études portant sur la fréquence du toucher chez des adultes dans différentes cultures à travers le monde, on note une grande variabilité. Des couples adultes à San Juan, Puerto Rico, se touchent 180 fois l'heure ; ceux à Paris, 110 fois l'heure ; à Londres en Angleterre, 1 fois l'heure, et à Gainsville, Floride, 2 fois ! Fait tout aussi surprenant, les couples nord-américains se touchent aussi peu que les Britanniques, reconnus pour leur réserve (Richmond *et al.*, 1991). Faudrait-il entreprendre une étude auprès des Québécois ? La fréquence de notre toucher se situerait sans doute entre celle des Britanniques et des Français...

Même si nous nous touchons peut-être davantage que les Britanniques (cela demeure à prouver !), plusieurs signes indiquent que l'on ne se touche pas suffisamment. Au Québec, nous sommes de très grands consommateurs de «toucheurs» légaux. Nous courons les médecins, les massothérapeutes, les chiropraticiens, etc. Nous consultons ces spécialistes pour des raisons médicales (soulager une douleur, réduire une tension, etc.), mais une partie de l'efficacité des traitements réside peut-être dans le fait de se faire toucher en toute confiance. Par ailleurs, en Amérique, nous possédons beaucoup d'animaux domestiques, surtout des chiens et des chats. Notre activité principale avec ces animaux? Les caresser. Il semble qu'en Amérique du Nord, nous ayons besoin de toucher et que nous recourons à des substituts pour le faire. Pourquoi ne pas nous toucher un peu plus? Le toucher peut se révéler un outil de séduction fort important, nous en avons tellement besoin! Et puis, quoi de mieux que de se faire toucher par quelqu'un qu'on aime?

La même consigne concernant la distance interpersonnelle s'applique au toucher. S'il est bon de toucher une personne délicatement de temps en temps, il faut user de prudence et de réserve quant à la fréquence, au genre d'attouchement ainsi qu'à l'endroit où l'on pose nos mains! Le toucher suit l'évolution de la distance interpersonnelle. Plus la relation progresse, plus la distance avec la personne aura tendance à se rétrécir. Plus nous sommes près d'une personne, plus elle est à notre portée pour la toucher. Il faut donc attendre ce signe. Si vous sentez que la personne accepte d'être près de vous, alors vous pouvez procéder à des touchers.

On peut toucher une personne de plusieurs façons : en lui donnant un coup de pied, une claque, une poussée, une légère tape, une douce caresse ou une poignée de main. On peut pincer une personne et on peut, bien entendu, la serrer dans nos bras et l'embrasser. De plus, tous les genres de touchers s'appliquent à presque toutes les parties de l'anatomie. Il existe donc une multitude de comportements tactiles possibles qui communiquent autant de messages.

Dans le cadre de nouvelles relations amoureuses, nous devons (nous le souhaitons d'ailleurs!) utiliser le toucher... judicieusement. Bien sûr, il n'est pas approprié de toucher l'autre n'importe où, n'importe comment et n'importe quand. Bien sûr aussi, certaines parties de l'anatomie ne se touchent pas en public! Il existe des parties du corps qu'on peut toucher, mais elles varient en fonction du degré d'intimité. Vous conviendrez qu'embrasser une personne sur la bouche au début d'une première rencontre serait un peu trop intime de même que de tenir sa main. Évidemment, le scénario diffère s'il s'agit d'une aventure d'un soir (ou *one-night-stand*), un type de relation qui obéit à d'autres règles... et à d'autres spontanéités. Voici donc une liste de touchers qui peuvent être utilisés dans le cadre des rencontres amoureuses. Ils sont présentés en ordre croissant d'intimité (du moins intime au plus intime).

1. Une poignée de main ferme mais non saccadée;

2. Une petite tape dans le dos (très douce);

3. Un léger toucher prolongé (de deux à cinq secondes) sur l'épaule;

4. La main doucement déposée sur l'avant-bras (de deux à cinq secondes également);

5. Un doux baiser sur la joue;

6. Se pencher vers la personne (corps s'effleurant légèrement);

7. Un léger toucher des cheveux ;

8. Un léger toucher sur la main et les doigts ;

9. Prendre doucement la main de la personne ;

10. Un doux baiser sur le bord des lèvres.

Cette liste n'est qu'un guide que je vous propose de suivre lors des premières rencontres. Si la relation évolue bien, les touchers iront bien sûr plus loin... Rassurez-vous ! Il n'est pas nécessairement mauvais de vous montrer patient si vous croyez que la relation en vaut la peine. Cela ne pourrait qu'augmenter le désir... et multiplier le plaisir !

Trois trucs

Lors de votre prochaine soirée de séduction...

◆ N'oubliez pas l'importance du toucher.

◆ Touchez, oui ! Mais selon l'évolution de la relation.

◆ Ne sautez pas les étapes !

Les odeurs

Bien avant de toucher et d'être touchés, de nous laisser séduire par une voix, de voir et d'être regardés, nous recevons et dégageons un message qui a presque le pouvoir de faciliter ou de détruire une relation : l'odeur. Voici une petite mise en situation...

C'est en entrant dans l'ascenseur ce matin de pluie estivale que j'ai eu le coup de foudre pour une femme... sans même la voir. Je regardais dans le vide, perdu dans mes pensées, la porte de l'ascenseur collée sur le nez lorsque ce petit outil olfactif a flairé son parfum boisé... Je me suis retourné pour voir l'origine de cette odeur. La femme était jolie sans être d'une rare beauté, mais ma première impression reliée à son parfum était si forte que je n'ai pas pu m'empêcher de suivre la piste qu'avait décelée mon nez.

Ce scénario pourrait fort bien être le texte d'une publicité de parfum. L'industrie de la bonne odeur a compris ce que nous tardons à reconnaître : notre odeur peut nous ouvrir le cœur de la personne désirée! Les parfums sont préparés et publicisés pour devenir des outils de séduction. Notre odeur corporelle transmet d'importants messages non verbaux qui peuvent amé-liorer... ou tout simplement détruire nos chances de séduire la personne qui nous intéresse.

Au diable les mauvaises expériences...

Dans un chapitre précédent, j'ai décrit mon expé-rience avec une jeune femme qui dégageait, bien malgré elle, une odeur fétide d'ail. La soirée s'était terminée fort tôt... Un autre exemple de déconvenue? L'une de mes amies, appelons-la Sandrine, vient de rencontrer un homme, Jack, qu'elle trouve diablement attirant. Ils décident de passer une soirée en tête-à-tête sur une terrasse. C'est l'été, Jack arrive au rendez-vous à vélo, Sandrine le trouve beau, juste assez musclé et... très en sueur. «Il s'approche de moi et, malheureusement, son odeur de transpiration aussi. Forte, désagréable. Mon désir a chuté d'un coup...» Là encore, la soirée a été écourtée! «Moi qui rêvais de bondir sous la douche avec lui...», me confie mon amie, déçue. Acceptera-t-elle de le revoir? «Un jour de pluie peut-être!»

Sans doute pensez-vous qu'interrompre une conversation ou une relation pour des raisons purement olfactives est superficiel, voire inhumain, surtout si l'on exerce le métier de psychologue... En personnes civilisées, nous apprenons à ne pas juger les gens sur des premières impressions, n'est-ce pas? L'odeur, après tout, ne révèle rien de la qualité de la personne... Peut-être aurions-nous pu aller au-delà des odeurs, mais notre comportement est tout à fait humain. Certains parents évitent de prendre leur enfant lorsque ce dernier a vomi. Les patients dans les hôpitaux qui dégagent de moins bonnes odeurs reçoivent moins de soins. La mère et l'infirmière sont-elles inhumaines? Sûrement pas. Cela illustre bien comment les odeurs exercent sur nous un pouvoir qui dépasse parfois la raison. On peut esquisser un parallèle avec l'apparence physique. Nous sommes attirés par les personnes qui sentent bon, tout comme par les personnes qui ont fière allure.

Vivement les bonnes nouvelles!

Notre perception de l'odeur d'un individu dépend de notre personnalité, de notre culture et de l'époque où nous vivons. Une odeur corporelle, telle que la transpiration, peut même s'avérer séduisante, n'en déplaise à mon amie Sandrine... Question de dosage? Joséphine évitait de se laver sur de longues périodes afin d'exciter davantage Napoléon qui se disait séduit par l'odeur corporelle. Dans certains pays arabes, on se parle très près l'un de l'autre afin de mettre notre haleine en évidence... Bien sûr, cela devient très différent en Amérique où l'on tente de masquer à tout prix nos odeurs par des déodorants, des parfums et des pastilles contre la mauvaise haleine. En fait, l'industrie de la bonne odeur est une affaire de milliards de dollars... Mais n'y a-t-il pas quelque chose de sexuellement attirant dans notre odeur naturelle que Napoléon et Joséphine avaient découvert?

En réalité, on ne sait pas encore s'il existe un lien entre l'odeur naturelle des humains et l'attirance sexuelle avec les comportements qui en résultent, mais c'est le cas chez les insectes et certains animaux. Ces derniers dégagent des molécules qui stimulent l'excitation sexuelle, les phéromones. De plus, les chercheurs ont découvert chez eux une substance, l'androstenol, que l'on retrouve également dans la transpiration humaine... Nous en reparlerons dans le chapitre sur le désir sexuel.

Bref, notre odeur peut séduire, et l'effluve dont on se voilera aussi. Cependant, que l'on soit «voilé» ou non, on aura parfois avantage à savoir doser et à user de discrétion... La douche est parfois le meilleur des parfums!

Trois trucs

Lors de votre prochaine soirée de séduction...

◆ Réservez les mets épicés pour une autre occasion!

◆ Pensez aux vertus d'une haleine fraîche, sortez votre gomme à mâcher... et votre brosse à dents!

◆ Un parfum, c'est enivrant... à petite dose.

Dans ce chapitre de même que dans les précédents, nous avons vu comment nos gestes, notre odeur, notre apparence physique, notre coiffure, nos vêtements et notre morphologie transmettent d'importants messages sur le plan de la séduction. Des éléments de la communication non verbale qu'il importe de connaître, ne serait-ce que pour savoir ce qui est recherché et ce qu'il vaut mieux... éviter. Maintenant, place aux mots!

9

Les mots pour séduire

Certaines personnes semblent savoir exactement quoi dire. Moi, je ne sais souvent pas quoi dire ni comment. Ce n'est pas facile d'aborder quelqu'un. Est-ce le bon moment? Comment amorcer la conversation? Qu'est-ce que je dois dire après qu'on ait commencé à se parler? Y a-t-il des sujets à éviter? Je ne suis pas idiot, mais ce n'est pas évident! Aujourd'hui, tu te rends compte que les gens n'écoutent plus. Hormis les «comment ça va?», ils ne s'informent pas de toi. Et souvent, quand les gens se mettent à parler, ils te racontent leurs problèmes et tu te sens mal à l'aise. Ça devient vraiment compliqué de faire la conversation!

CLAUDE, UN HOMME DANS LA FIN TRENTAINE

En tant qu'humains, nous sommes fort chanceux de pouvoir utiliser les mots pour communiquer. Même si le langage non verbal constitue un puissant outil de communication, nous nous servons surtout de la parole. Nous n'avons qu'à perdre temporairement l'usage de la voix pour nous rendre compte de notre dépendance à cette forme de communication. Malheureusement, si notre communication verbale est utile, elle peut aussi devenir une source de conflits. Les difficultés de communication sont, on le sait, à l'origine de la plupart des problèmes de couples et, ultimement, des séparations. La psychologie a étudié les principes de communication dans le couple du stade des premières rencontres à l'évolution d'une relation de longue durée. Elle nous apprend que, lors du processus de séduction, il faut nous montrer prudents quant à notre choix de sujets de conversation et au degré d'intimité de nos révélations. Si nous voulons améliorer nos chances de séduction, il faut savoir quoi dire, comment et quand le dire.

Selon une théorie avancée par Altman et Taylor, et appuyée par plusieurs recherches, les couples heureux (ou les gens ayant le potentiel de former un couple heureux) communiquent d'une façon très particulière. Au début de leur relation, ils discutent uniquement de quelques sujets plutôt impersonnels. Il n'est pas rare d'entendre les questions suivantes lors de la première rencontre : «Que penses-tu de la météo? Beau mois de juillet, n'est-ce pas? Comment trouves-tu le film?» Certes banals, ces sujets permettent d'établir une communication et de mettre en confiance. Plus les gens se connaissent et plus ils s'apprécient, plus la quantité de sujets discutés augmente. Attention! Les discussions demeurent superficielles pendant un certain temps. Par exemple, les gens vont parler de leur travail, de leurs loisirs, des questions d'actualité, etc. Cependant, si les fréquentations vont bon train, le couple abordera des sujets plus intimes. Les deux partenaires évoqueront leurs rêves, leurs déceptions amoureuses, leurs attentes, leur sexualité. À cette étape apparaîtront les premiers «je t'aime», les révélations au sujet des sentiments de chacun vis-à-vis de la relation… et les discussions sur l'avenir du couple. Tant mieux! Les recherches suggèrent que les couples qui se révèlent intimement sont plus heureux et ont plus de chances de voir leur relation évoluer.

On peut essentiellement déduire de la trajectoire décrite ci-dessus que la communication dans le couple traverse trois stades :

1. Le stade de quelques sujets superficiels;
2. Le stade de plusieurs sujets superficiels;
3. Le stade des révélations intimes.

Sur le plan de la séduction, cette théorie comporte plusieurs implications. D'abord, il importe de suivre les trois étapes d'évolution. Se révéler trop rapidement est néfaste pour la relation. Les gens qui agissent ainsi se sentent vulnérables dans la relation et lorsque celle-ci ne fonctionne pas, ils ont le sentiment d'avoir été trahis par la personne à qui ils se sont révélés. Imaginez que vous vous sentiez à l'aise avec quelqu'un, plus qu'à l'aise même, c'est le coup de foudre! Vous pensez finir vos jours avec cette personne, et ce, après trois ou quatre rencontres très intimes. Eh oui, ça peut arriver! Vous parlez alors de vos sentiments les plus personnels. Vous discutez de vos rêves, de vos échecs, de vos faiblesses et, puisque cela devient intense, vous révélez ce que vous ressentez pour l'autre. Cependant, il est tôt dans la relation et même si l'autre personne semble vous apprécier, elle n'est peut-être pas prête à recevoir de telles confidences. Elle prend donc un peu de recul et peut même vouloir mettre fin à la relation, du moins pour un moment. Vous vous êtes mis à nu devant un quasi-étranger, qui n'en désirait pas tant si rapidement et qui ne veut plus de vous. Essayez d'imaginer comment vous vous sentez…

Trop tôt, trop vite!

Voici un autre exemple de ce que peut entraîner comme conséquence le fait de se révéler trop rapidement dans une relation. L'un de mes amis m'a raconté sa première sortie amoureuse avec une femme qu'il croisait dans les corridors de l'édifice où il travaillait.

Après quinze minutes, j'ai su qu'elle se remettait d'une dépression nerveuse liée à une relation de couple antérieure dans laquelle elle avait été dépendante affectivement. Une heure après, j'apprenais que son père s'était suicidé et que son frère souffrait d'une grave maladie mentale. Elle m'a ensuite révélé que ses problèmes émotifs l'avaient amenée à prendre de mauvaises décisions financières et qu'elle croulait sous les dettes. Je n'ai pas le goût de jouer le rôle du psychologue, moi! J'ai été quelque peu bouleversé par autant de révélations intimes dès la première rencontre. J'ai tout de même décidé de la revoir tellement quelque chose en elle m'attirait. Deux soirées plus tard, elle me déclarait son amour pour moi. Trop, c'est trop. Cette dernière révélation était inopportune pour le nombre de fois où nous nous étions vus. J'ai décidé de ne plus la revoir. Elle était furieuse et m'a dit qu'elle était stupide de m'avoir fait confiance en se dévoilant autant. Je n'avais pourtant posé aucune question indiscrète.

N'ayons crainte! Il ne s'agit pas de faire preuve d'un mutisme complet quant à nos sentiments. Il s'avère tout aussi néfaste de ne pas se révéler suffisamment. Certains individus se fréquentent depuis des mois, voire des années, sans vraiment se connaître. Le fait d'éviter l'intimité empêche la relation d'évoluer en profondeur. À moyen et à long termes, le manque d'intimité crée l'insatisfaction amoureuse et met possiblement fin à la relation.

À la lumière de ces connaissances, de quoi devons-nous parler pour séduire et quand devons-nous le faire? S'il n'existe pas de règles absolues ni de sujets précis, il est important de ne pas brûler les étapes décrites précédemment… Concrètement, lors des premières rencontres, mieux vaut aborder des sujets légers. On peut par exemple parler de notre travail succinctement, mais on évite de parler de nos problèmes, de qui nous sommes dans les détails et on évite également de mettre l'autre dans l'embarras avec des questions indiscrètes. Ainsi, les histoires de couple antérieures sont à éviter de même que l'argent, les relations familiales, les pratiques religieuses, les opinions politiques ainsi que la sexualité. Bien entendu, il y a des exceptions et, avec certaines personnes, ces sujets ne sont pas problématiques. Il s'agit tout simplement d'une règle d'étiquette généralement acceptée dans notre culture.

Le premier stade

De quoi peut-on parler alors? La règle d'or : parlez de ce que vous avez en commun avec l'autre. En manque d'inspiration? Voici quelques suggestions.

◆ PARLEZ DE CE QUI VOUS A UNIS : les amis qui vous ont présentés, l'agence de rencontres, le bar, le cours que vous suivez ensemble, la destination touristique, le restaurant, le film, etc.

◆ PARLEZ DE VOS PASSE-TEMPS FAVORIS, de sports, de voyages, d'animaux, de l'actualité, d'histoire, de l'art, de la nature, etc. Mais de grâce, si vous vous y connaissez davantage en pêche à la ligne qu'en poésie, eh bien… évoquez les paysages de la Gaspésie plutôt que les fjords de la littérature !

◆ ADOPTEZ UN STYLE LÉGER ET PLUTÔT HUMO-
RISTIQUE. L'humour bien utilisé est souvent la
clé du cœur de l'autre…

◆ Et tout cela, avec le sourire dans la voix, bien
sûr!

Il semble donc de mise de faire preuve d'une
certaine légèreté et de ne pas se prendre au sérieux. Par
ailleurs, il est tout à fait adéquat de parler de nous de
façon positive, de promouvoir nos qualités sans toutefois nous vanter. Enfin, des recherches démontrent que
de parler de nos défauts avec humour produit un effet
positif sur notre interlocuteur. Les gens ont tendance à
apprécier les personnes qui ne s'avouent pas parfaites.
L'humain rapproche de l'humain! Après tout, qui se
ressemble…

Le deuxième stade

Si la relation évolue, on passe assez rapidement au
stade 2, où l'on parle de plus de sujets en évitant d'en
discuter en profondeur. Par exemple, à ce stade, il peut
se révéler approprié d'aborder le sujet du travail, des
enfants, des objectifs de vie et de donner un peu plus
de détails. Les questions peuvent ressembler à celles-
ci : «Ton travail me semble intéressant, qu'est-ce que
tu aimes le plus dans ton boulot? Tu habites un très
bel endroit, j'aimerais connaître tes impressions sur la
vie de ce quartier. Tu aimes les enfants? Est-ce un projet
d'avenir? (Il peut s'agir d'un sujet délicat. Là comme
ailleurs, on tiendra compte, dans la mesure du possible,
du parcours de la personne.) Quels sont les rêves que
tu caresses pour l'avenir?» Évidemment, il est aussi
important de parler de nous-même à ce stade. Le temps

passé au stade 2 varie d'un couple à l'autre. Certains individus peuvent arriver au deuxième stade après quelques heures de discussion seulement s'ils possèdent beaucoup de points en commun. D'autres vont y demeurer plusieurs semaines, surtout s'ils n'ont pas l'occasion de se voir fréquemment.

La grande différence entre les stades 1 et 2, c'est que vous êtes suffisamment à l'aise et intéressé par la personne pour vérifier d'autres points en commun que ceux qui semblent évidents au premier stade. Au deuxième stade, vous pouvez vous apercevoir des différences ou des ressemblances que vous avez sur le plan de la culture, de la religion et des intérêts communs. Ce stade se révèle très important, car il vous permet de vérifier ces aspects sans trop vous investir sur le plan émotionnel. Le stade 2 est en quelque sorte une étape de «magasinage». On tente de vérifier si ce que la personne peut nous offrir nous convient. Autrement dit, si le «produit» nous convient, on «l'achète»! Ce stade permet également d'éviter plusieurs déceptions amoureuses. Par exemple, comme vous l'avez lu précédemment, certaines différences importantes laissent entrevoir un mauvais pronostic de la survie d'une relation, comme les croyances et les pratiques religieuses, l'apparence physique, la personnalité, le statut social, etc. On peut bien avoir le coup de foudre pour quelqu'un de très différent de nous, mais on court le risque de se casser la margoulette! Il importe de se montrer attentif à ces différences avant de trop s'investir. Le stade 2 permet de prendre une décision éclairée. Comme François, l'un de mes jeunes clients, qui m'a raconté son passage au stade 2 :

J'ai rencontré cette fille dans un cours. Je l'ai trouvée physiquement attrayante. Après quelques cours, on s'est

mis à parler. Nos discussions sont demeurées plutôt super-
ficielles pendant quelques semaines. On parlait surtout de
trucs reliés au cours [stade 1]. Vers la fin de la session,
nous sommes allés à un party *ensemble. Nous avons alors*
abordé plusieurs sujets dont la famille et la religion
[stade 2]. J'ai appris qu'elle était juive et que ses parents
s'apprêtaient à déshériter son frère qui venait d'aménager
avec une catholique comme moi. Elle semblait comprendre
à la fois les motifs de ses parents et de son frère, mais elle
trouvait la situation complexe et affectivement intense pour
tous. J'ai vite compris qu'une relation sérieuse entre nous
deviendrait tout aussi compliquée. Je crois que nous avons
décidé de demeurer amis pour ces raisons. Ce n'était pas
facile, mais je ne voulais pas m'attacher et me faire du mal.

Le troisième stade

Bref, au deuxième stade, vous récoltez assez d'informations pour voir si vous êtes suffisamment compatibles pour devenir des amoureux, des amis ou
seulement des connaissances. François a décidé de ne
pas se rendre au troisième stade où il se serait impli-
qué davantage sur le plan émotif dans un contexte
d'importantes différences sur le plan de la culture et de
la religion. Il s'agit probablement d'une décision plus
facile à prendre au stade 2 qu'au stade 3. Car à ce
dernier stade, on se révèle plus, on se met à nu et on
devient alors vulnérable. Aucun sujet n'est tabou. On
discute de ses rêves, de son passé, de ses faiblesses et
de ses échecs. On révèle aussi ses fantasmes et c'est à
ce stade qu'il devient approprié de parler de ses sentiments quant à la relation. Demander à l'autre de parler
de ses origines, de ses rêves, de ses moments les plus
difficiles comme de ceux les plus heureux est alors de
mise. Après tout, si nous sommes intéressés à faire un

bout de chemin avec la personne, nous sommes en droit de savoir qui elle est et comment elle se sent avec nous.

Des facteurs-surprises!

Bien sûr, si la relation se rend au stade 3, c'est qu'elle a du potentiel. Toutefois, l'évolution de la conversation vers ce stade dépend d'autres facteurs que le simple potentiel brut de la relation. Voici cinq d'entre eux :

1. L'estime de soi de la personne;

2. La qualité des relations antérieures;

3. La fréquence des contacts;

4. Notre désir de développer une relation durable avec la personne;

5. Notre sexe.

Premièrement, les gens qui ont confiance en eux ont moins peur de se dévoiler et ils le font à un moment approprié. Sans craindre de se dévoiler, ils prennent le temps de connaître l'autre et ils ne répondent pas aux questions indiscrètes puisqu'ils savent comment faire respecter leur intimité. À l'inverse, les gens qui ont une faible estime de soi réagissent généralement de deux façons :

◆ ILS SE DÉVOILENT TROP RAPIDEMENT. Leur besoin de sécurité les pousse à «faire avancer» la relation le plus rapidement possible et dans ce but, ils se dévoilent davantage et en exigent autant de l'autre.

◆ ILS NE SE DÉVOILENT PAS DU TOUT. Ils ont une peur bleue de se faire juger et de risquer le rejet.

Deuxièmement, les gens qui ont vécu, dans l'ensemble, de bonnes expériences amoureuses se dévoilent plus facilement. À l'inverse, les gens qui ont été blessés ou rejetés ont peur de s'ouvrir et de s'impliquer sur le plan émotionnel. Autrement dit, *chat échaudé craint l'eau froide* !

Troisièmement, la fréquence avec laquelle les partenaires se rencontrent influence l'évolution de la relation. Plus souvent ils apprennent à se connaître à travers des activités, plus rapidement ils avancent vers le stade 3.

Quatrièmement, notre désir de développer une relation sérieuse avec une personne influence aussi l'évolution de la conversation. Par exemple, on peut se sentir attiré par quelqu'un sans pour autant vouloir développer une relation sérieuse. Si tel est le cas, l'évolution vers le stade 3 s'effectuera difficilement ! Ce sera alors aux partenaires d'évaluer s'ils veulent demeurer au stade 2 ou s'ils veulent plutôt mettre fin à leur relation afin de tenter leur chance ailleurs. Enfin, notre sexe influence également l'évolution de la communication. Les études démontrent que les femmes se dévoilent généralement plus rapidement que les hommes. La femme aime parler de l'évolution de la relation, de ses sentiments et désire connaître les sentiments de l'homme. Ce dernier ne considère pas tout à fait les choses du même œil. Il aime aussi l'intimité et il a même plus de chances de se confier à une femme qu'à un homme. Toutefois, il prend plus de temps aux deux premiers stades (ce qui ne fait pas l'affaire de plusieurs femmes). Il parle d'éléments concrets, d'événements et moins souvent de sentiments. Il est donc important pour la femme de reconnaître cette différence et de la respecter, sinon les frustrations et le sentiment de rejet risquent de surgir. Bien sûr, l'homme doit aussi parcourir la moitié du chemin et se rendre compte que la femme aime les discussions un peu plus profondes.

En résumé, retenons qu'il existe des étapes à suivre en ce qui concerne la prise de contact et qu'à chaque stade correspondent un certain degré d'intimité et différents sujets de conversation. Mais pour traverser ces étapes, il faut d'abord savoir comment amorcer et maintenir une conversation...

Feu rouge ou vert?

L'une des principales raisons qui nous empêche d'amorcer une conversation avec quelqu'un d'attrayant, c'est que nous ne sommes pas certains que l'autre voudra bien nous parler. Il est donc important d'observer le comportement verbal et non verbal de la personne que vous tentez de séduire pour minimiser le risque d'échouer dans votre approche initiale. Voici quelques indices qui suggèrent que vous avez probablement le feu vert – allez-y (Boisvert et Beaudry, 1979). La table est mise pour le premier stade! Une personne désire probablement vous parler si :

1. Elle vous jette un regard;
2. Elle vous sourit;
3. Elle répond à vos questions et donne de l'information sur elle-même;
4. Elle vous pose aussi des questions.

Et puisque ça ne fonctionne pas toujours, sachez reconnaître les signes lorsqu'une personne ne désire pas vous parler :

1. Elle sourit peu;

2. Elle vous regarde peu;

3. Son regard est plutôt impatient (coups d'œil fréquents à sa montre, etc.);

4. Elle est tendue ou nerveuse;

5. Elle a une voix sèche et son ton laisse croire à un empressement;

6. Elle vous répond très brièvement;

7. Elle ne vous pose pas de questions.

La phrase clé

Voici une autre raison pour laquelle nous évitons d'entamer une conversation : on ne sait tout simplement pas comment s'y prendre. On cherche LA PHRASE par laquelle il faut commencer. On y passe de longues minutes. Parfois on trouve, parfois pas! Voici quelques trucs simples pour vous aider à démarrer une conversation.

1. Abordez des sujets simples et légers même s'il s'agit de clichés comme le temps qu'il fait. IL N'EST NULLEMENT NÉCESSAIRE D'AVOIR UN SUJET DE CONVERSATION ULTRABRILLANT POUR DÉBUTER!

2. Montrez-vous intéressé à connaître davantage la personne.

3. Pour trouver un sujet de conversation, servez-vous d'une situation commune.

4. Utilisez l'information que vous avez au sujet de la personne.

5. Rappelez-vous que lorsque la glace est brisée et que l'autre personne semble intéressée à vous parler, il est important de procéder graduellement. N'oubliez pas les stades! Un stade sauté est un stade gâché!

Anxiété 101

Enfin, l'une des raisons principales pour laquelle nous évitons d'amorcer une conversation, c'est que nous sommes trop anxieux. Il existe plusieurs stratégies pour diminuer l'anxiété et nous en avons fait état aux chapitres 3 et 4. Si l'idée d'entamer une conversation avec cette personne spéciale vous donne la trouille... vous êtes normal! Rappelez-vous des outils mis à votre disposition : la respiration-relaxation, la restructuration cognitive, l'imagerie mentale. De plus, à force de se pratiquer à initier une conversation, l'anxiété diminue (il s'agit de l'exposition progressive). Donnez-vous une chance ou deux, ou plus...

Les trucs du métier

Vous avez réussi à amorcer une conversation avec une personne qui vous attire? Vous craignez cependant de manquer de sujets de conversation? Voici quelques trucs simples pour éviter que votre dialogue manque de vitesse.

1. Poser des questions ouvertes

Il est plus facile de maintenir une conversation si vous posez des questions ouvertes ou qui nécessitent une autre réponse qu'un oui ou un non plutôt que des questions fermées. Exemples de questions fermées : Ça va? Aimes-tu la musique classique? As-tu passé une bonne journée? Deux réponses possibles : oui ou non. C'est plutôt court! Un habile communicateur comprendra rapidement que vous voulez converser et il donnera spontanément des détails. Cependant, il est avantageux de ne pas nous fier à notre interlocuteur et de poser des questions ouvertes si nous désirons une réponse plus complète. Voici essentiellement les mêmes questions légèrement modifiées en questions ouvertes : Comment ça va? Quel genre de musique aimes-tu? Quel genre de journée as-tu passée? La question ouverte amène l'autre à développer davantage, à se révéler et fournit du matériel pour alimenter la conversation. Voici quelques exemples supplémentaires de questions ouvertes qui peuvent être posées dans le processus de séduction :

- Qu'est-ce qui vous amène ici?
- Pourquoi participez-vous à cette activité?
- Comment trouvez-vous le spectacle?
- Je vois que vous lisez le dernier de (nom de l'auteur), qu'est-ce que vous en pensez?

  (Bien sûr, on peut également utiliser le tutoiement; tout dépend du contexte, de la personne à qui l'on s'adresse et de nos habitudes.)

Attention! On aura beau poser une multitude de questions ouvertes, cela ne garantira pas pour autant que la personne nous rendra la vie facile. En fait, c'est en posant ce type de questions que l'on peut jauger l'intérêt de la personne à maintenir une conversation. Comme je l'ai mentionné plus tôt, si l'autre répond très brièvement à nos questions ouvertes et ne nous pose aucune question en retour, le pronostic de la conversation et peut-être même de la relation n'est pas particulièrement bon. Mais il ne faut pas se décourager si la personne répond brièvement à la première question. La personne peut la juger trop personnelle. Elle n'est peut-être pas disposée à nous répondre (elle est trop pressée ou préoccupée, etc.)... ou alors elle est timide. Nous pouvons poser quelques questions avant de juger de son intérêt.

2. Savoir écouter

Poser des questions ouvertes dans le processus de séduction, c'est excellent... à condition de savoir écouter les réponses. J'ai connu plus d'une personne malhabile sur ce plan. Je me souviens d'avoir été particulièrement blessé par une femme que je trouvais de prime abord fort attrayante et sympathique. Elle s'informait de ma situation avec ce que je considérais alors comme beaucoup d'authenticité et j'en étais touché. Je me sentais important à ses yeux. Mais voilà qu'un jour, en pleine conversation, elle se met à regarder partout sauf vers moi. Je me suis vite aperçu que je n'avais plus son écoute, car son langage non verbal ne reflétait pas le contenu de mes propos. Cette femme maîtrisait parfaitement l'art des questions ouvertes (au point où celles-ci étaient posées de façon quasi machinale). Toutefois, elle ne savait pas écouter. Elle a perdu, à mes yeux, toute crédibilité et tout attrait. Ne vous inquiétez pas, je lui ai donné plus d'une chance, mais son comportement demeurait toujours le même. Vous voulez séduire quelqu'un? Écoutez-le avec intérêt! (Nichols, 1995)

On pense souvent qu'en parlant de nous sans cesse, qu'en démontrant à l'autre qu'on a réussi, on va l'impressionner, il sera séduit et nous aimera. Ce n'est pas complètement faux. D'une certaine façon, nous devons promouvoir nos exploits et nos qualités, car les gens aiment s'associer à des gagnants. Cependant, telle n'est pas la clé de la séduction. La véritable clé, c'est l'écoute parce qu'au fond les gens sont intéressés surtout par eux-mêmes... En s'intéressant sincèrement aux autres, en les écoutant, ils vont s'aimer davantage. Et puisque l'amour est une sorte d'entreprise d'amour-propre et qu'on aime surtout les gens qui nous aident à nous aimer davantage... Mieux vaut savoir écouter! Voici quelques informations pour vous aider à y arriver.

3. Raffiner son écoute

Vous avez probablement entendu parler des différentes formes d'écoute : l'écoute passive et l'écoute active. La première consiste à écouter l'autre attentivement et à émettre quelques signes tels que des hochements de tête ou à répondre par quelques mots afin de signaler que nous sommes à l'écoute, par exemple : «oui», «d'accord», «hum hum». Trop simple pour être efficace? Détrompez-vous, il s'agit d'une technique d'écoute drôlement plus efficace que l'écoute que nous pratiquons (ou plutôt que nous ne pratiquons pas) dans notre société actuelle. En fait, une étude réalisée par des psychologues de l'Université du Kansas et rapportée par Boisvert et Beaudry (1979) vient appuyer l'efficacité de cette technique d'écoute. Ces chercheurs ont appris à quatre jeunes femmes qui éprouvaient de la difficulté à amorcer et à maintenir une conversation comment poser des questions et faire de l'écoute passive. Quinze personnes ont évalué l'efficacité des jeunes femmes à faire la conversation avant et après l'enseignement des techniques. Les résultats ont été surprenants. Après l'intervention, les quatre femmes étaient plus habiles que les autres à faire la conversation!

L'écoute active est un peu plus complexe que l'écoute passive, mais elle s'avère encore plus efficace. Pour faire de l'écoute active, on ajoute à l'écoute passive deux étapes. La première étape est la vérification du contenu et la deuxième, le reflet des sentiments. La vérification du contenu consiste simplement à s'assurer que nous avons bien compris ce que la personne vient de nous dire. Pour quelle raison? La conversation est souvent beaucoup plus ambiguë que ce que l'on croit et particulièrement dans le cadre des relations amoureuses! En voici un exemple.

SUZANNE : Je n'ai pas aimé ton attitude hier soir à la fête.

ANDRÉ : Tu n'as pas aimé mon attitude? Qu'est-ce que tu n'as pas aimé au juste? (vérification du contenu)

SUZANNE : Je trouve que tu n'as pas passé assez de temps avec moi.

ANDRÉ : Si je comprends bien, tu trouves que j'ai passé trop de temps avec les copains et pas assez avec toi? (vérification du contenu)

SUZANNE : Oui.

ANDRÉ : D'accord. Je comprends ton point de vue. Permets-moi d'expliquer mon comportement. Tu sais, je croyais que tu voulais discuter seule avec les autres femmes, alors je ne voulais pas t'embêter. J'aurais préféré passer la soirée entière avec toi plutôt qu'avec les autres. Mais voilà...

SUZANNE : C'est vrai que tu voulais passer plus de temps avec moi? (vérification)

ANDRÉ : Oui. Je crois qu'à l'avenir on devrait se parler davantage dans ces situations.

Simplement pour le plaisir, voici comment la même conversation aurait pu tourner sans la vérification du contenu, auquel nous pourrions aisément consacrer 70 % du temps de la conversation.

SUZANNE : Je n'ai pas aimé ton attitude hier soir à la fête.

ANDRÉ : Moi non plus, je n'ai pas aimé ton attitude.

SUZANNE : Comment MON attitude? Tu as passé TOUT ton temps avec tes amis.

ANDRÉ : Et puis toi, tu faisais l'indépendante avec tes amies.

SUZANNE : On dirait qu'on préfère davantage nos relations amicales que notre relation de couple.

ANDRÉ : On dirait.

SUZANNE : Bon, tant pis. Une chance qu'on a des bons amis.

ANDRÉ : Au moins on a ça.

J'exagère? Peut-être, mais c'est pour mieux vous démontrer comment le simple fait d'écouter quelqu'un et de vérifier le véritable contenu du message améliore la communication et les relations entre les individus.

À la deuxième étape de l'écoute active, on ajoute le reflet des sentiments. On démontre verbalement de l'empathie et de la chaleur pour son interlocuteur, et ce, même s'il nous met dans la plus intense des colères. Le reflet de sentiments prouve à l'autre que non seulement il nous intéresse, mais que nous respectons son point de vue et ses sentiments. Reprenons le premier dialogue entre André et Suzanne et ajoutons le reflet des sentiments pour voir si l'on peut l'améliorer. À vous de juger...

SUZANNE : Je n'ai pas aimé ton attitude hier soir à la fête.

ANDRÉ : Tu n'as pas aimé mon attitude? Tu me sembles blessée. J'espère que je ne t'ai pas fait de mal. (reflet des sentiments) Qu'est-ce que tu n'as pas aimé au juste? (vérification du contenu)

SUZANNE : Oui, je suis blessée. Je trouve que tu n'as pas passé assez de temps avec moi.

ANDRÉ : Si je comprends bien, tu trouves que j'ai passé trop de temps avec les copains et pas assez avec toi? (vérification du contenu)

SUZANNE : Oui.

ANDRÉ : D'accord. Je comprends ton point de vue et à bien y penser, tu as raison de te sentir blessée. (reflet des sentiments) Permets-moi d'expliquer mon comportement. Tu sais, je croyais que tu voulais discuter seule avec les autres femmes, alors je ne voulais pas t'embêter. J'aurais préféré passer la soirée entière avec toi plutôt qu'avec les autres. Mais voilà...

SUZANNE : C'est vrai que tu voulais passer plus de temps avec moi? (vérification)

ANDRÉ : Oui. Je crois qu'à l'avenir on devrait se parler davantage dans ces situations.

SUZANNE : Tu as raison. J'apprécie le fait que nous ayons parlé de cette situation, je trouve que c'est très important.

Vous avez sûrement saisi l'importance de l'écoute pour amorcer des liens intimes... et les maintenir!

Trouver les mots et les gestes qu'il faut n'est pas toujours aisé. Dans ce chapitre et celui qui le précède, j'ai émis quelques suggestions pour vous faciliter la tâche. Lorsqu'on entame un processus de séduction, plusieurs balises sont nécessaires afin de ne pas faire de faux pas… du moins pas trop !

Le chapitre 11 nous fournira certains repères, de la toute première invitation à la toute première escapade amoureuse… Mais juste avant, nous aborderons un aspect de la séduction à ne pas négliger : le désir !

10

La sexualité
dans la séduction

Je ne crois pas qu'on puisse parler de séduction sans parler du désir sexuel. Dans les chapitres précédents, il a été question de séduire une personne avec qui l'on veut vivre une relation amoureuse. J'ai peu évoqué la sexualité. Si je ne l'ai pas fait, c'est qu'à mon avis le processus de séduction implique la sexualité. Certes, l'attirance sexuelle n'est pas essentielle au dénouement d'une relation de couple. On peut sortir et même vivre avec quelqu'un pour qui l'on n'a pas ou peu d'attirance ou de désir sexuel. On peut choisir comme partenaire de vie un bon ami, un père attentionné pour ses enfants, une femme très dynamique ou un poète romantique... qui ne nous émoustille aucunement! Cependant, les études démontrent que la qualité de la vie sexuelle influence grandement la survie à long terme d'une relation... et son harmonie bien sûr. Ainsi, on peut ne pas être sexuellement attiré par quelqu'un et vouloir le séduire ou se laisser séduire par lui, mais si au départ cet ingrédient n'est pas là, les chances de satisfaction conjugale à long terme s'amenuisent. À l'inverse, ce n'est pas parce qu'on désire sexuellement quelqu'un qu'on souhaite pour autant une relation amoureuse à long terme avec lui – ni même que cela soit possible ou souhaitable.

Après cette brève mise en garde, revenons au désir sexuel dans une relation de séduction. Si quelqu'un tente de vous séduire ou si vous tentez de séduire quelqu'un, vous entretenez probablement du désir pour cette personne. Mais comment fonctionne ce processus si mystérieux? Et que peut-on faire pour séduire sexuellement quelqu'un?

Le désir : une illustration

Le désir sexuel est une réaction psychologique et physiologique complexe. Dans les jours qui ont précédé l'écriture de ce chapitre, un bel exemple de ce processus s'est offert à moi. J'étais dans un bar très décontracté, pas trop tape-à-l'œil. Toutefois, j'ai rarement vu autant de belles femmes dans un même endroit! Bon, c'était le printemps... Je discutais tranquillement avec un ami célibataire. Soudain, il s'est tourné la tête pour regarder les deux jeunes femmes qui venaient d'entrer. Jolies, elles portaient des vêtements très *sexy* sans être provocants. Mon ami ne les quittait presque pas des yeux. Constamment distrait, il suivait difficilement notre conversation. D'une façon un peu maladroite, il a interrompu brusquement notre échange pour aller nous chercher un autre verre au bar dans le but de s'approcher temporairement des filles. À son retour, percevant son manque d'intérêt pour ce dont nous discutions, je l'ai interrogé sur un sujet plus intéressant... Vous devinez lequel! Voici un aperçu de notre conversation.

> *– Encore des trucs pour ton livre, hein? D'accord, je veux bien servir de cobaye pour la science! Tu sais, Richard, c'est drôle, mais je me sens stimulé. J'ai le goût d'aller parler à*

ces filles. Toutefois, je suis un peu nerveux. Mon cœur bat vite et je respire un peu plus rapidement. J'ai les mains moites et je sens que je transpire davantage. En même temps, je me sens confiant et fort : comme si j'avais un surplus d'énergie. Hum... (Des signes d'excitation sexuelle, pensai-je.)

– Qu'est-ce qui t'attire chez ces femmes? (En passant, les deux avaient le même style... Qui se ressemble s'assemble, quoi!)

– Elles sont jolies et très sexy. *Leurs vêtements moulants laissent présager que ce qui est sous les vêtements risque de me plaire. Elles sont sportives, ça se voit. Leur démarche et leur posture m'indiquent qu'elles ont confiance en elles et ça aussi, ça m'attire. Les deux filles sont superbes, mais la plus petite est vraiment de mon genre. Elle me fait penser à l'une de mes ex – avec qui le sexe était absolument fantastique. Et c'est elle qui porte mon parfum préféré dont j'ai pu apprécier l'odeur quand je me suis approché tout à l'heure. Je m'imagine très bien avec elle...*

Le cas de Stéphane illustre bien la spontanéité du désir sexuel et son impact sur notre comportement. Au bar, l'attention de Stéphane est entièrement dirigée vers les filles. La formation réticulée, responsable de l'attention et de l'éveil, se met à l'œuvre! La réaction physiologique de l'excitation sexuelle s'illustre aussi par ses symptômes cardiorespiratoires. L'impression qu'éprouve Stéphane d'avoir davantage d'énergie s'explique par une décharge de substances neurochimiques dans le cerveau qui affecte également les symptômes physiques : les catécholamines entrent en action! La réaction de Stéphane, comme toute réaction de stimulation sexuelle, est déclenchée par des stimuli. Ces derniers peuvent être externes : la vue des belles femmes et l'odeur du parfum préféré ou bien le doux toucher sur des zones sensibles de la peau. Les stimuli peuvent aussi être internes : par exemple, des pensées ou des souvenirs (pour Stéphane, son ex-conjointe). En somme, la réaction d'excitation et de désir sexuel est une réaction psychophysiologique provoquée par des stimuli qui modifient notre comportement.

Cette énergie sexuelle est agréable, mais ne nous facilite pas nécessairement la vie. Elle devient bonne si l'on peut l'évacuer, c'est-à-dire agir dessus. Elle assure la survie de l'espèce en favorisant la reproduction. Sans désir sexuel, nous serions sans doute moins intéressés à nous reproduire. Ainsi, cette énergie pousse mon ami à aller à la rencontre des jeunes femmes... La même énergie provoque (pas chez Stéphane, du moins nous l'espérons!) des comportements impulsifs telles les relations sexuelles à risque (relations sexuelles non protégées) avec plusieurs partenaires et l'infidélité. C'est encore la même énergie qui conduit les pervers sexuels à commettre des abus. Essentiel à la survie de l'espèce, le désir sexuel peut donc parfois nous compliquer la vie. Heureusement, pour la grande majorité d'entre nous, cette énergie n'est qu'agréable et on arrive à la canaliser. Chose certaine, l'excitation et le désir sexuel ne sont pas à sous-estimer... au contraire!

Le désir sexuel : une question de sens

Dans le désir, tous nos sens s'activent et sont mis à contribution : la vision, l'ouïe, le toucher, l'odorat... C'est le mariage de ces sens qui développe notre attirance pour quelqu'un... ou non!

J'aime ce que je vois... j'agis!

Chez certaines espèces animales, l'odorat est le sens qui joue le rôle le plus important dans l'attirance sexuelle alors que chez l'humain, la vue remporte la palme. Nous sommes stimulés – ou pas! – par ce que nous voyons. L'observation d'un beau corps vêtu d'une tenue suggestive ou le visionnement d'un film érotique provoque des réactions d'ordre sexuel. Les hommes et les femmes diffèrent quelque peu de ce côté, mais il n'en demeure pas moins que ce qui est beau est perçu, par la majorité d'entre nous, comme stimulant sexuellement. C'est l'une des raisons pour laquelle les personnes de belle apparence physique ont plus de partenaires sexuels. Les gens veulent se «reproduire» avec eux. Ou du moins, ils veulent faire l'acte de se reproduire!

Pas nécessaire d'avoir l'apparence d'un mannequin pour séduire! L'attirance sexuelle demeure mystérieuse et les goûts en la matière varient. N'y a-t-il pas des gens avec toutes sortes de fantasmes? Bref, être à son meilleur à tous points de vue s'avère important pour stimuler le sens visuel, mais l'interprétation des stimuli visuels s'effectue avant tout dans le cerveau. Certains individus ne gagneraient jamais de concours de beauté, mais ils charment et exercent sur nous un «pouvoir» sexuel incroyable. Est-ce leur façon de bouger? Leur odeur? Ou encore la voix? Peut-être s'agit-il simplement d'un tout qui forme ce qu'on appelle le charisme? À l'inverse, on connaît tous des gens qui pourraient remporter des prix en matière d'apparence... mais pas d'attirance sexuelle. On sait aussi que nos fantasmes sont souvent complexes et que leur contenu ne reflète pas toujours la réalité de nos choix. Les souvenirs et les images qui se logent dans notre tête vont considérablement influencer notre attirance sexuelle pour quelqu'un. En résumé, les stimuli visuels sont les plus puissants pour stimuler le désir, mais ils ne sont pas les seuls à agir! Dieu merci, diront certains!

Tout ouïe

Nous avons parlé plus tôt de la voix et de son effet positif ou négatif sur nous. La voix est un stimuli auditif qui influence notre désir sexuel. L'animatrice de radio ou cet inconnu au bout du fil pour qui l'on ressent des papillons sans même l'avoir vu en sont de parfaits exemples. De la même façon, plusieurs chanteurs produisent un effet excitateur chez leur *fans*. Par ailleurs, le contenu de certains stimuli sonores se révèle également efficace pour susciter l'excitation. Nombre de personnes réagissent en ce sens à l'écoute de propos à contenu sexuel, le *dirty talk* comme disent les anglophones. Quant aux lignes de «sexo-conférence», elles font des affaires d'or! Les gémissements lors d'une relation sexuelle constituent également une très grande source de stimulation. Pour évaluer l'influence des stimuli sonores sur votre niveau d'excitation sexuelle, essayez d'écouter un film érotique sans le son pour vérifier vos réactions! Enfin, retenons que la voix et les propos peuvent aussi faire partie des stimuli sexuels. Utilisons-les de façon judicieuse... et jouissive!

Échantillons d'odeur

De la même manière, certaines odeurs peuvent nous stimuler sexuellement et d'autres, nous couper carrément l'appétit! Dans plusieurs cultures, on croit que l'odeur naturelle du corps, même après une longue journée de travail, est un aphrodisiaque. En Amérique du Nord, la tendance qui prévaut est celle d'être sexuellement plus attiré par la fraîcheur de la peau et sa propreté. On passe même beaucoup de temps à camoufler notre odeur naturelle par des savons, des parfums, des shampoings, etc. Mais avant de tout faire disparaître, peut-être y a-t-il lieu de se demander s'il existe quelque chose de sexuellement attrayant dans l'odeur naturelle de quelqu'un.

Si nous savons que c'est le cas chez les animaux, on est encore à la recherche d'ébauches de réponses en ce qui concerne l'humain. Comme il a été mentionné dans un chapitre précédent, les phéromones, ces substances chimiques sécrétées par les animaux et perçues par les sens du goût et de l'odorat, signalent à leur congénères leur réceptivité sexuelle. D'ailleurs, le sens de l'odorat semble dominer dans le processus de « séduction sexuelle » et de reproduction chez les mammifères moins sophistiqués tels que les chats, les chiens et les rats. Les phéromones sont généralement contenues dans l'urine ou dans les secrétions vaginales de ces espèces. Les singes, mammifères sophistiqués, sont également excités par « l'odeur » des sécrétions vaginales de leurs congénères, mais ils demeurent excités même lorsqu'on bloque leur nez ! Il ne s'agit donc pas seulement d'une question de phéromones et d'odorat.

Mais qu'en est-il des phéromones chez l'humain ? Des recherches révèlent qu'une composante chimique des secrétions vaginales de la femme en période d'ovulation excite l'un de nos plus proches parents : le singe ! On ne sait pas encore exactement quel effet cela produit chez l'homme... Par contre, il semble qu'une substance dans l'urine de l'homme qui dégage une odeur de musc est plus appréciée par des femmes que par des hommes ou des enfants. De plus, les femmes seraient plus sensibles à cette odeur dans leur période d'ovulation. Plusieurs recherches démontrent que les hommes et les femmes trouvent plus séduisantes des photos d'inconnus lorsqu'on dissémine dans l'air des phéromones selon un procédé expérimental. Dans une autre étude, des femmes avaient tendance à choisir la chaise qui avait été aspergée de phéromones mâles plutôt que les autres chaises disponibles dans une salle d'attente. L'odeur toutefois n'était pas consciemment perceptible. La substance impliquée dans cette expérience provient de la transpiration des hommes. Elle s'achète dans certains *sex-shops* et se retrouve sur le corps d'hommes dans les vestiaires. Mesdames, à vos marques...

Sérieusement, nous en savons encore trop peu sur le sujet pour inventer une substance dont l'odeur est immanquablement aphrodisiaque. Imaginez cependant le potentiel commercial que cela aurait! Des méga-compagnies tenteraient de mousser la «trouvaille» olfactive la plus stimulante sexuellement. Un rêve orwellien? Il existe déjà des produits qui nous font dépenser davantage dans les magasins et qui nous font jouer encore et encore au casino! Plusieurs compagnies de parfum sont sans doute, en ce moment, à la recherche de l'échantillon parfait à offrir à votre désir!

Le sens du toucher

Notre peau est munie de terminaisons nerveuses pouvant capter des sensations de toucher et de douleur. Certaines zones, dites érogènes, ont plus de terminaisons par rapport à leur superficie et se révèlent donc plus sensibles que d'autres sur le plan de la stimulation sexuelle. Lorsqu'on les touche, les zones érogènes primaires produisent un effet d'excitation sexuelle quasi automatique. Ces zones incluent les organes génitaux, les seins (surtout les mamelons), les lèvres, la langue, les fesses ainsi que l'intérieur des cuisses et même les lobes d'oreilles et les aisselles! Ces zones érogènes primaires se distinguent des zones érogènes secondaires en ce qu'elles produisent généralement des sensations sexuelles chez la majorité des gens lorsqu'elles sont stimulées alors que les zones secondaires peuvent produire des sensations sexuelles chez certaines personnes seulement. Par exemple, des endroits comme les épaules, le bas du dos, les pieds, les mains, etc. sont devenus érogènes par conditionnement. Autrement dit, ces parties du corps, à force d'être touchées dans un contexte de préliminaires à la relation sexuelle, sont devenues plus stimulantes sexuellement. Qu'on nous touche à l'un de ces endroits et nous nous rappelons la nuit d'amour!

Ces informations ne devraient qu'appuyer l'idée déjà avancée dans ce livre que le toucher est important pour la séduction. Il faut retenir que le toucher de certaines zones érogènes secondaires peut provoquer une stimulation sexuelle chez certaines personnes et que ces endroits peuvent être touchés avant d'avoir accès aux zones primaires. Prendre la main doucement, flatter une épaule ou le bas du dos peut donc être un truc de séduction sexuelle. Comme me l'a confié une collègue de mon ami Stéphane : «Je sais que lui et moi, ça ne marcherait jamais; mais quand il me fait l'un de ses petits massages à la nuque, je crois que je pourrais avoir un orgasme… C'est bien parce qu'on est au bureau que je me retiens!» On ne sait donc jamais quel effet peut produire un simple petit geste!

Le cerveau et le désir sexuel

Nous pouvons apprécier le rôle des sens et des stimuli dans le désir et le comportement sexuel. Mais, bien qu'on puisse être stimulé sexuellement par un mécanisme de réflexe, par exemple un toucher au niveau des organes génitaux, le cerveau joue un rôle très important dans le processus d'excitation sexuelle. En fait, plusieurs parties de notre cerveau sont impliquées dans le désir et le comportement sexuel. S'il y a une atteinte à ces endroits, la sexualité en sera affectée. L'hypothalamus, le système limbique et d'autres structures du tronc cérébral de même que le cortex et ses neurotransmetteurs sont tous impliqués dans le choix du partenaire, le désir sexuel, l'érection, la copulation, l'éjaculation, l'orgasme et la satiété sexuelle. Drôlement complexe comme système... trop pour tout expliquer maintenant. Toutefois, les mordus de la neurobiologie de la sexualité et ceux qui aiment les trucs un peu «corsés» liront avec profit un article synthèse de James Pfaus, professeur de psychologie à l'Université Concordia.

Si l'on résumait...

Difficile de nier l'importance du désir ou de l'attirance sexuelle dans le processus de séduction! Bien sûr, on peut aimer quelqu'un sans le désirer sexuellement, mais la qualité de la relation peut être entamée. Nous pouvons être excités par toutes sortes de stimuli et, chez l'humain, les stimuli visuels semblent être les plus importants. Si soigner notre apparence constitue une excellente stratégie de conquête, gardons tout de même à l'esprit que ce n'est pas le seul élément qui entre en jeu. Très complexe, le désir sexuel dans le processus de séduction implique toutes sortes de composantes biologiques et psychologiques. Cela ne fonctionne pas avec quelqu'un en matière d'attirance? N'en venons pas à la conclusion qu'on n'est pas beau ou bon… il s'agit peut-être d'une simple question de compatibilité biologique!

11

La séduction en action

Voici le moment de mettre en pratique ce que la psychologie nous a appris sur la séduction. Amusons-nous à voir comment ces connaissances peuvent s'appliquer aux différentes étapes de la séduction. Par exemple, comment la psychologie peut-elle nous aider à faire une bonne invitation ? De quelle façon peut-elle nous orienter dans le choix d'une première sortie et dans son déroulement ? Comment nos connaissances en psychologie peuvent-elles nous permettre de deviner s'il y aura une rencontre subséquente et de la susciter ?

L'invitation

L'invitation... Cette importante étape d'une relation en fait frémir plus d'un ! Juste à y penser, certains ressentent une forte poussée d'anxiété. Cette anxiété est souvent le fruit de plusieurs questions pour lesquelles nous obtenons généralement peu de réponses. Est-ce moi qui dois inviter ? Qui puis-je inviter ? Comment devrais-je formuler mon invitation ? Qu'est-ce que je peux proposer ? L'anxiété culmine lorsque nous pensons qu'on pourrait refuser notre invitation. Quel drame ! Si je me fais rejeter, je ne vaux sûrement pas grand-chose !

Heureusement, nous pouvons mettre en pratique ce que nous avons appris dans les chapitres précédents pour maximiser les chances de faire une bonne invitation. Mais répondons d'abord à la question que plusieurs se posent : dois-je inviter ou attendre qu'on m'invite ?

Chacun d'entre nous entretient le fantasme de se faire inviter par la personne de ses rêves sans fournir d'effort. On aimerait tous rester là sans rien faire et attendre Cupidon. Mais qu'on y pense un peu ! Si l'on est tous là à attendre l'invitation, alors personne ne la lancera ! Par ailleurs, si l'on reste là à attendre, on se met en quelque sorte à la merci de la personne qui nous invitera. Tant mieux si c'est la personne de nos rêves, mais il peut aussi s'agir de la personne... de nos cauchemars. Ne serait-il pas avantageux de prendre les moyens d'obtenir un peu plus de contrôle sur notre destinée amoureuse ?

Une question de fierté

Même si le geste d'inviter nous permet d'avoir un peu plus de contrôle sur notre destinée, nous nous en abstenons. Nous fuyons l'invitation principalement pour des raisons de fierté et de peur. Question fierté, on croit souvent qu'inviter quelqu'un, c'est s'abaisser. « En faisant les premiers pas, je montre mon intérêt pour une personne. J'ai l'impression de quémander son attention... », alors qu'il s'agit d'un échange ! On a également peur d'inviter parce qu'on se rend ainsi susceptible de recevoir un refus. Personne n'aime se faire rejeter (le chapitre suivant sera d'ailleurs consacré au rejet amoureux). Et pourtant, qui ne risque rien...

Une question de sexe

Au nombre des raisons qui amènent les gens à éviter de faire les premiers pas, n'oublions pas les différences entre les sexes. Depuis quelques décennies, les rôles hommes-femmes ont été bouleversés. Au début du XXe siècle, les choses étaient plutôt claires... pas nécessairement plus faciles, mais plus limpides. Généralement, l'homme faisait l'invitation et non la femme. L'homme proposait, la femme disposait... Au début du XXIe siècle, c'est autrement plus compliqué! Il faut dire qu'entre ces deux périodes, un vent de changement s'est levé. En effet, au cours du XXe siècle, le mouvement des femmes a œuvré sur plusieurs fronts à la fois. Il a permis une nette amélioration des conditions de vie des femmes ainsi qu'une plus grande liberté d'action chez ces dernières et a suscité une redéfinition des rôles sexuels. Les femmes sont maintenant, dans l'ensemble, aussi instruites et autonomes financièrement que les hommes. Elles peuvent occuper des postes importants dans la société. Elles sont avocates, médecins, ingénieures et chefs d'entreprise. Les hommes sont souvent leurs clients, patients et employés. Pourquoi devraient-elles attendre passivement l'invitation de l'homme? Ces changements sociologiques ont aussi bouleversé les habitudes de séduction des hommes. Ces derniers se retrouvent parfois en position d'infériorité sur le plan du statut social. « Est-ce que cette avocate d'expérience acceptera de sortir avec moi, un simple greffier? Cette directrice générale peut-elle éprouver du désir pour moi, qui ne suis que gérant d'entrepôt? » Les lois sur le harcèlement sexuel ont aussi fait peur aux hommes. Cela vous paraîtra sans doute exagéré, mais certains hommes craignent de passer pour des maniaques sexuels ou simplement pour des machos. On a tellement décrié ceux-ci que le balancier est maintenant du côté des hommes roses. Malheureusement pour l'homme, la femme n'apprécie pas vraiment l'homme rose, le rose étant parfois exprimé ou interprété comme une demi-teinte. Et pourtant, être gentil, ce n'est pas être un tapis sur lequel on s'essuie! De plus, si la femme proteste contre les traits caricaturaux des machos, l'assurance quasi arrogante de ces derniers et leur façon directe de charmer suscitent parfois son désir. Si chacun a droit à ses contradictions... chacune aussi!

Les temps ont donc changé. Les femmes ont évolué dans la société et elles ont pris la place qu'elles méritent. Les hommes, eux, ne savent pas toujours comment s'adapter. Ils se sentent souvent intimidés. Si un homme se montre trop direct, passera-t-il pour un macho? Résultat : l'homme hésite à inviter la femme et celle-ci trouve que l'homme d'aujourd'hui ne courtise plus et n'invite plus... ET ON RESTE CHACUN DE SON BORD! Rien d'étonnant à ce qu'il y ait autant de personnes seules!

Qui doit inviter?

Qui doit faire l'invitation? Il n'existe pas vraiment d'études scientifiques pouvant nous éclairer sur le sujet. Cependant, plusieurs auteurs s'y sont penchés. Dans le livre Les Règles qui s'adresse exclusivement aux femmes et qui prétend fournir les trucs pour trouver un futur mari, les auteures stipulent que si l'homme ne vous invite pas, c'est qu'il n'est pas intéressé! La femme ne doit donc jamais inviter un homme. JAMAIS! Au diable la considération pour la timidité – ou les déconvenues antérieures – de l'homme. Au diable le fait que les rôles ont changé. Selon les auteures, la bonne vieille méthode prévaut. J'ignore si les stratégies proposées se révèlent efficaces pour se trouver un mari – j'en doute – mais ce guide qui incite les femmes à ne jamais faire les premiers pas vers un homme va même plus loin en conseillant de ne pas accepter ses premières invitations, ni même le rappeler. Bref, les auteures conseillent aux femmes de jouer les «dures à avoir», prétextant que les hommes sont des chasseurs qui se sentent à l'aise de poursuivre et qu'il faut les aider à jouer le rôle dans lequel ils se sentent bien : celui de chasseur.

À la lumière de ce que j'ai écrit plus tôt sur la confusion des rôles hommes-femmes, je pense qu'on n'a pas besoin de conseiller aux femmes de se prêter à de tels jeux. Les hommes ont déjà suffisamment peur !

Heureusement, d'autres auteurs américains ne partagent pas cette opinion. D[re] Judy Kuriansky, psychologue et célèbre animatrice de radio aux États-Unis, mentionne qu'il devient très approprié pour la femme de tenter les premiers pas. «Les hommes sont fatigués de toujours faire les premiers pas. Ils apprécient les femmes qui prennent l'initiative et sont soulagés de savoir qu'une femme s'intéresse à eux. De plus, les hommes sont attirés par des femmes qui savent s'affirmer, qui sont confiantes et en contrôle de leur vie», écrit Kuriansky dans son livre *The Complete Idiot's Guide to Dating*.

Dans son sympathique ouvrage *Dating : A survival guide from the frontiers*, l'auteure Josey Vogels (1999) explique que décider qui d'entre l'homme et la femme fera les premiers pas dépend de plusieurs facteurs. Si la personne provient d'un milieu très traditionnel, c'est préférablement l'homme qui invite. Sinon, il n'existe aucune contre-indication à ce que la femme fasse l'invitation. Elle doit cependant procéder de façon plus subtile, comme nous le verrons plus loin.

Je partage l'opinion des deux dernières auteures. À l'époque où l'on prône l'égalité entre les sexes, pourquoi ne pas aller dans ce sens en ce qui concerne l'invitation? Toutefois, il y a lieu d'émettre une légère mise en garde pour la femme. Mesdames, si vous décidez d'inviter, attendez-vous à ce qu'il y ait peut-être un peu plus d'attentes sexuelles. Si vous en avez aussi, eh bien, c'est tant mieux; sinon, soyez simplement vigilantes. L'homme qui se fait solliciter pourra croire que vous êtes un peu plus ouvertes et, à la rigueur, pressées de ce côté. Si vous ne l'êtes pas, alors ce n'est pas votre problème mais bien celui de l'homme.

Par ailleurs, mesdames, si vous vous sentez mal à l'aise de faire l'invitation parce que vous percevez votre geste comme une sorte de quête, alors changez votre perception! C'est probablement parce que vous avez confiance en vous et que vous savez ce que vous voulez que vous invitez l'homme de votre choix. Ce n'est pas parce que personne ne vous invite et que vous n'en pouvez plus de rester seules, bien que cela puisse être le cas à certains moments. Quelquefois, bien sûr, on se sent comme dans le deuxième cas. Même si vous vous sentez ainsi lorsque vous invitez, n'agissez pas ainsi. Foncez avec confiance. Encore une fois, c'est bien plus séduisant de voir une femme en confiance, qui sait où elle s'en va. Et attention, les hommes y prennent goût!

Messieurs, cessez d'avoir peur et foncez. Nombre de femmes aiment ou préfèrent se faire inviter. S'il est vrai que les femmes n'aiment pas les machos, elles n'aiment pas davantage les hommes roses. Même si depuis long-temps l'homme n'a plus à aller à la chasse et à jouer le rôle de protecteur auprès de sa compagne, les femmes apprécient à tout le moins un homme qui sait se tenir, s'affirmer et prendre des décisions. Alors, messieurs, en faisant les premiers pas, vous avez la chance de démontrer certaines caractéristiques que la femme recherche. Cependant, il existe des façons de formuler l'invitation et il en sera question plus loin. Mais avant d'oser l'invitation, ne faut-il pas savoir qui inviter?

Qui inviter?

Le monde vous appartient. Vous pouvez inviter n'importe qui : une vedette ou tout autre personnage public. Ou encore, vous pouvez inviter votre patron, votre ex ou sa meilleure amie (je parle ici strictement de la possibilité d'inviter et non des conséquences). Voilà la beauté de prendre en charge la décision de faire l'invitation. Vous n'avez plus à attendre. Bien sûr, vous n'avez pas de contrôle direct sur la réponse à votre demande! Et vous ne voulez surtout pas qu'on vous ferme la porte au nez. D'où l'importance de choisir qui inviter. Je peux bien aimer l'actrice Jenna Elfman, mais je doute qu'elle voudra sortir, même pour un café, avec le psychologue relativement peu connu, du moins pour elle, que je suis. Je vais donc attendre...

Nous avons vu au chapitre 2 qu'il faut savoir où regarder pour trouver l'âme sœur. La règle est simple : on doit apprendre à regarder près de soi afin de trouver des gens comme soi. Qui se ressemble s'assemble! Rappelez-vous que, selon les recherches en psychologie, vous avez plus de chances de développer une relation durable avec les gens qui vous ressemblent sur le plan de la religion, du niveau de scolarité, du milieu familial, de la race et de la personnalité, mais aussi sur le plan de l'apparence physique.

L'amour au travail

Le milieu du travail est un lieu de rencontres de prédilection, mais il comporte sa part de risques. Parmi nos collègues, il y en a parfois un qu'on voudrait bien inviter...

Les raisons

◆ Les occasions de rencontre ne manquent pas : les réunions, les dossiers en commun, les fêtes de départ ou d'arrivée, les dîners parfois bien arrosés, sans parler de ces zones propices aux rapprochements : le photocopieur, l'imprimante et l'ascenseur...

◆ On a souvent les mêmes clients, le même parcours, le même champ d'études.

◆ Parfois, en période de restructuration, un moment aussi difficile à vivre pour ceux qui restent que pour ceux qui s'en vont, les «survivants» se tombent dans les bras... une forme très contemporaine du «transfert de l'excitation»!

Les risques

◆ L'employeur peut voir d'un mauvais œil cette relation («Les employés ne sont pas là pour ça, ça va semer la zizanie, ils vont saper mon autorité...»); il peut considérer qu'elle modifiera la façon qu'ont les deux individus de collaborer ensemble.

◆ Les collègues peuvent envier cette relation, voire en profiter pour médire sur l'un des amoureux («Il a du retard dans ses dossiers... on comprend pourquoi!»).

◆ Les dossiers importants peuvent être attribués à quelqu'un d'autre («Elle a la tête ailleurs de toute façon.»).

◆ On peut inventer mille stratagèmes pour voir l'autre plus souvent, des prétextes qui grugent parfois un peu trop notre temps de travail... et notre concentration!

◆ Notre crédibilité, à tort ou à raison, peut être entachée.

◆ On risque de tout mélanger et de tout perdre à la fois.

Les questions à se poser

◆ Qu'est-ce que j'attends de cette relation?

◆ Est-ce que j'envisage cette histoire comme une passade ou un grand amour (difficile de savoir parfois, mais si l'on ne désire qu'une aventure... mieux vaut chasser ailleurs!)

◆ Est-ce que je suis prêt à assumer les ragots (toutes les histoires finissent pas se savoir, surtout dans un bureau!) et surtout une rupture éventuelle (c'est fini, oui, mais je croiserai mon «ex» tous les jours ou presque)?

◆ Est-ce que je me sens capable de travailler avec autant d'ardeur et d'efficacité pendant la relation et après?

◆ Peu importe l'issue de la relation, suis-je prêt à quitter mon emploi?

Bien sûr, si vous rencontrez vraiment l'âme sœur, c'est presque un crime de laisser passer cette occasion... Après tout, un employeur, ça se retrouve, mais une âme sœur!...

Souvenez-vous également que vous développerez plus facilement des liens avec les gens dans votre environnement en raison du bon vieux principe de la familiarité : plus les gens sont familiers, plus ils s'apprécient. Et puis, il est plus facile d'inviter quelqu'un de familier ! En fait, vous courez moins le risque que votre invitation soit rejetée par quelqu'un dans votre environnement. Cette personne aura moins peur de vous. Vous pourrez aussi développer différents liens avant de l'inviter à sortir. L'invitation peut également être faite sous plusieurs prétextes, comme nous le verrons plus loin. Rappelez-vous ce que la psychologie nous enseigne sur les signes à observer pour savoir si une personne est intéressée ou non à amorcer ou à maintenir une conversation avec vous. La personne qui démontre de l'intérêt va sourire, elle vous regardera plus fréquemment et plus longtemps, elle cherchera à répondre à vos questions autrement que par oui ou non et vous en posera aussi. Bref, vous pourrez évaluer les risques !

Mais peut-on inviter un inconnu ? Oui. Encore une fois, vous pouvez inviter n'importe qui. Le pire qui puisse arriver, c'est d'essuyer un refus. Rien de plus. Une demande bien formulée vis-à-vis d'un inconnu peut être très convaincante ! Je connais des gens qui ont tellement de confiance et d'habiletés de communication et de séduction que leurs invitations deviennent extrêmement difficiles à refuser. Vous pouvez aussi inviter un inconnu pour vous prouver que le rejet n'est vraiment pas grand-chose. Cependant, c'est plus facile et plus acceptable socialement d'inviter quelqu'un que l'on connaît tout de même un peu. Si vous brûlez d'envie d'inviter un inconnu, apprenez à le connaître avant (voir Vogels, 1999) !

Inviter... à faire quoi?

Vous avez quelqu'un en vue? Que vous connaissez tout de même un peu? Cette personne vous semble sympathique et vous voulez la connaître davantage? Vous voilà prêt à faire l'invitation. Cependant, vous vous demandez sans doute quelle activité conviendrait à une première sortie. Votre choix d'activité peut vous occasionner un refus. Il peut aussi faire en sorte que vous allez vous ennuyer ou bien, croyez-le ou non, tomber amoureux...

Pourquoi le choix de l'activité à proposer lors de l'invitation est-il si important? Imaginez que vous détestez les mets italiens. Vous avez souffert d'une indigestion la dernière fois que vous en avez mangé. Une personne que vous trouvez sympathique vous invite à aller manger dans un restaurant italien. Elle ne vous propose malheureusement aucun autre choix. Qu'en pensez-vous? Imaginez qu'on vous invite à aller au théâtre. Chaque fois que vous assistez à une représentation, vous vous endormez! Vous vous mettez à bâiller juste à y penser. Comment réagissez-vous?

Certes, ce n'est pas la fin du monde. Si vous voulez sortir avec cette personne, vous pouvez tout de même aller une fois au resto italien ou au théâtre. Vous pouvez aussi dire sur-le-champ que vous ne mangez pas ces mets et que la dramaturgie, vous n'aimez vraiment pas. Vous pouvez toutefois ajouter que vous aimeriez tout de même sortir avec la personne et proposer d'autres types de restos et d'activités.

Admettez cependant que cela commence un peu mal. On vous propose des activités que vous détestez. Avez-vous vraiment des choses en commun avec cette personne? Si vous hésitez à sortir avec elle, les activités proposées vous inciteront à croire qu'il ne s'agit sans doute pas d'une bonne idée.

Si l'on avait appris à vous connaître un peu! On aurait pu vous proposer une activité qui vous passionne. On aurait pu savoir que votre chanteur ou votre groupe musical préféré est en ville et vous offrir d'aller le voir. On aurait pu découvrir que vous adorez l'art et vous inviter à une exposition. Bref, vous avez moins de chances d'essuyer un refus si vous proposez une activité que la personne aime bien.

Mais la première sortie peut se révéler toute simple et c'est souvent mieux ainsi. Vous pouvez aller prendre un café ou un verre, simplement pour bavarder. En fait, vous courez probablement moins le risque de vous faire refuser l'invitation à aller prendre un café qu'un week-end à la campagne. D'ailleurs, il vaut mieux privilégier une activité qui durera peu de temps. Une activité simple et de courte durée est à la fois facile à accepter et à tolérer si les choses ne vont pas bien. Par ailleurs, si la rencontre se déroule de façon harmonieuse, voilà la chance – oui, la chance! – de rester sur votre appétit. Vous aurez très hâte de vous revoir et la prochaine rencontre sera certainement plus longue et moins anxiogène que la première.

Quelques bonnes idées pour une première sortie

Prendre un café

- AVANTAGES :
    - De courte durée (de quinze minutes à deux heures);
    - Pas trop engageant;
    - Permet de discuter;
    - Le café engendre des sensations qui ressemblent à celles produites par l'amour!

- Désavantages :
  - Très peu.

Prendre un verre lors d'un 5 à 7

- Avantages :
  - De courte durée ;
  - Pas trop engageant ;
  - Permet de discuter ;
  - L'alcool aide à atténuer les symptômes d'anxiété associés aux premières rencontres ;
  - Souvent bonne musique d'ambiance.
- Désavantages :
  - Souvent des endroits bondés de monde ;
  - Parfois difficile d'entretenir une conversation ;
  - Endroit où il y a beaucoup de fumée ;
  - Pas un excellent choix si la personne sort d'une clinique de désintoxication !

Visiter un musée ou une exposition

- Avantages :
  - De courte durée ;
  - Pas obligé de bavarder sans cesse (enlève un peu de pression) ;
  - Permet de trouver différents sujets de conversation (discuter de ce que l'on voit dans l'exposition) ;
  - Il y a plusieurs choix de musées (science, art, culture) et des expositions de toutes sortes (automobile, sports, plein air, animaux, etc.).
- Désavantages :
  - Il faut aimer les musées et les expositions !

Prendre un lunch ou un petit-déjeuner dans un resto

- AVANTAGES :
  - De courte durée ;
  - Moins coûteux qu'un souper.
- DÉSAVANTAGES :
  - Attention, les restos sont souvent bondés le midi.

Bien sûr, il y a les activités classiques de premières rencontres. À mon avis, elles conviennent également, mais elles ne sont pas parfaites et impliquent certains désavantages.

Quelques idées populaires de première sortie

Cinéma ou théâtre

- AVANTAGES :
  - De courte durée ;
  - Activité potentiellement stimulante, pas trop engageante (pas obligé de parler) ; peut ne pas être cher (le mardi ou mercredi, par exemple).
- DÉSAVANTAGES :
  - Pas vraiment possible de parler ! Il s'agit d'une bonne activité si elle est combinée avec une autre (café, 5 à 7, souper, etc.).

Souper au restaurant

- AVANTAGES :
  - Durée relativement courte ;
  - Activité potentiellement stimulante (si bon endroit avec bonne bouffe) ;
  - Permet de discuter.

- DÉSAVANTAGES :
    - Un classique mais souvent trop formel;
    - Coûteux si vous payez pour l'autre;
    - Si vous ne payez pas pour l'autre, il peut trouver cela cher;
    - Si vous n'avez pas grand-chose à vous dire, cela peut être difficile... et long!

«Party»

- AVANTAGES :
    - De courte durée;
    - Activité stimulante;
    - Permet de parler un peu;
    - Pas cher;
    - Permet d'échanger avec d'autres personnes, donc moins anxiogène;
    - Facile de faire l'invitation.
- DÉSAVANTAGES :
    - Si la personne que vous conviez ne connaît aucun des autres invités, elle risque de trouver cela long et intimidant;
    - À ne pas proposer à quelqu'un de timide!;
    - Conversation peut être difficile à faire.

Certaines activités sont à éviter lors des premières rencontres (non seulement la toute première). En général, elles sont trop longues... et trop engageantes.

Des idées... à éviter!

Souper de famille

- AVANTAGES :
    - Très peu... À part peut-être de voir l'autre en interactions avec des personnes significatives pour lui et de mieux comprendre les origines

de certains comportements, mais cette séance d'observation participante peut aisément être remise à plus tard !

- DÉSAVANTAGES :
  - Nombreux;
  - Situation anxiogène pour les deux (surtout pour la personne que vous invitez);
  - Ne permet aucune vraie discussion;
  - Beaucoup trop engageant. Comme, selon la croyance populaire, on présente à nos parents seulement ceux avec qui «c'est sérieux», la personne peut penser que vous êtes trop vite en affaire. Il existe un autre versant très contemporain des soupers de famille : quelqu'un de récemment séparé qui présente ses enfants à sa nouvelle flamme dès la première invitation. Bien sûr, la plupart des parents qui vivent une nouvelle situation amoureuse attendent quelque peu, mais puisqu'ici on parle des activités à risque…;
  - C'est pire s'il s'agit d'un souper de Noël ou de fête, etc.

Mariage

- AVANTAGES :
  - Très peu, là aussi.
- DÉSAVANTAGES :
  - Moins nombreux que ceux du souper de famille. Maintenant, l'aspect «festif» des mariages est davantage convivial, moins protocolaire, plusieurs amis sont conviés, la famille se retrouve moins au centre de la fête.

Souper de Saint-Valentin

- AVANTAGES :
  - Prétexte pour lancer l'invitation ;
  - Message clair.
- DÉSAVANTAGES :
  - Beaucoup trop d'attentes en jeu ;
  - Si vous invitez quelqu'un à la Saint-Valentin, cette personne croira que vous êtes très intéressé... trop ;
  - Le risque de refus est grand.

Week-end ou vacances en couple

- AVANTAGES :
  - Activité potentiellement stimulante ;
  - Excellente façon d'apprendre à connaître rapidement une personne.
- DÉSAVANTAGES :
  - Beaucoup trop d'attentes en jeu ;
  - Trop de pression pour des gens qui se connaissent peu, beaucoup trop anxiogène ;
  - Trop d'intimité trop rapidement crée un sentiment de vulnérabilité ;
  - Peut être coûteux.

En résumé, pour les premières rencontres, préférez une activité simple et de courte durée à une activité longue et trop engageante. En y allant doucement, par étapes, vous risquez davantage de sortir gagnant du processus de séduction !

Et si l'on s'excitait?

Vous vous souvenez du phénomène de transfert de l'excitation discuté au chapitre 3? Si vous êtes placé dans une situation stimulante avec une personne attrayante, les symptômes et les émotions reliés à la situation deviennent associés à cette personne. Ainsi, si votre activité est stimulante, votre cœur bat plus vite, vos pupilles se dilatent, vos mains deviennent moites, etc. Ces symptômes ressemblent à ceux ressentis lorsque vous êtes en amour. Vous risquez alors de croire que vous êtes véritablement en amour! Même s'il ne faut pas trop y compter, il s'agit d'un phénomène fort étudié et puisque vous voulez mettre toutes les chances de votre côté, choisissez de bonnes activités. Êtes-vous déjà tombé amoureux en vacances dans le Sud? Vous êtes-vous réveillé un jour de retour de voyage en vous demandant ce qui vous avait pris? Eh bien, c'est peut-être le soleil, la mer, la bonne musique et l'alcool qui ont intensifié votre sentiment amoureux pour un inconnu avec qui vous ne partagez probablement pas grand-chose. Quoi qu'il en soit, le transfert de l'excitation est un phénomène à reconnaître. Il peut être utilisé judicieusement. Qui sait, cela pourrait mener à une relation durable!

Comment inviter?

Vous avez quelqu'un en vue? Vous songez à plusieurs idées d'activité? Vous voilà prêt à passer à l'action, c'est-à-dire à l'invitation. Pas tout à fait, n'est-ce pas? Vous entretenez des doutes sur la manière de formuler l'invitation. Voici quoi faire… et ne pas faire. Notons qu'il existe des différences entre les hommes et les femmes, même si je crois que les deux peuvent faire l'invitation de façon semblable.

Un principe à retenir pour les deux sexes : mettez de l'avant votre côté confiant, généreux, attentif, et surtout n'entretenez aucune attente. Selon Kuriansky (1996), il faut penser au processus d'invitation comme à la fermeture d'une vente. Je suis tout à fait d'accord! Vous voulez que le client achète le produit, c'est-à-dire vous-même. Vous vous efforcez donc de présenter ce produit avec une attitude de confiance. Vous désirez également vous montrer attentif aux besoins de votre client (Qu'est-ce qu'il veut? Ici : qu'est-ce qu'il aimerait faire, comment puis-je l'intéresser?). Vous voulez démontrer votre souplesse, c'est-à-dire prendre les rendez-vous avec votre client selon un horaire flexible. Vous ne voulez surtout pas développer d'attentes (surtout pas dans les débuts d'une relation amoureuse). Imaginez un vendeur convaincu qu'il doit absolument réussir à vendre son produit à chaque client rencontré. Il a beau être le meilleur vendeur des réfrigérateurs les plus silencieux, si le client vient d'en acheter un... tant pis pour lui!

Certes, inviter quelqu'un peut se révéler stressant. On a souvent l'impression de quémander et on peut facilement se sentir comme un petit chien battu. On s'approche timidement. On parle avec hésitation. Notre voix est tremblotante et nos mains, moites. On pense souvent que si l'on se sent ainsi (anxieux et peu confiant), on l'est en réalité. Rien de plus faux! Répétons-le, ce n'est pas parce qu'on se sent d'une manière que l'on est ainsi. Il s'agit simplement d'une situation ponctuelle anxiogène. Il faut donc prendre une attitude confiante et ajuster son langage verbal et non verbal en conséquence. Montrez-vous enthousiaste! Imaginez un vendeur qui vous présente son produit ainsi : «Bon euh, c'est une bonne, euh, chaîne stéréo, euh... Ce n'est sûrement pas la meilleure, mais elle n'est pas trop mal. Le service est relativement bon ici alors bon euh...» Même si vous savez que cette chaîne stéréo est bonne, vous n'allez sûrement pas l'acheter de cette personne! Un petit truc, soyez vous-même... Soyez confiant! Le fait d'agir comme quelqu'un de confiant devrait vous redonner un peu d'assurance, car on sait en psychologie que certains comportements affectent nos émotions. Voici un exemple d'approche avec confiance : «Michelle, Charles Aznavour sera en ville dans deux semaines... Je sais que tu l'aimes bien et moi aussi, est-ce que ça te tenterait d'y aller?» Comparons cette approche avec celle-ci, d'un ton nettement moins confiant : «Michelle, euh, en passant euh, si jamais il reste des billets pour Charles Aznavour, et si jamais tu n'as rien à faire un soir, penses-tu que tu accepterais de venir avec moi? Ça doit être complet, mais, euh... Je comprends si tu refuses.»

Vous désirez également être attentif aux besoins de l'autre et formuler une proposition flexible. Tentez de savoir ce que la personne aime faire et offrez-lui quelques choix de sortie selon un horaire souple. Ce n'est pas parce que vous êtes libre samedi soir que l'autre l'est également. Ce n'est pas parce que vous appréciez tel groupe de musique ou tel restaurant que la personne aimera cela aussi. Imaginez un vendeur de voitures qui insiste pour vous vendre sa toute nouvelle mini-fourgonnette alors que vous désirez plutôt une voiture sport. De plus, imaginez que vous hésitez un peu avant de faire l'achat. Vous voulez y réfléchir encore, mais le vendeur, lui, ne veut rien savoir de votre hésitation et il exerce sur vous une pression énorme afin que vous signiez le contrat de vente. Vous allez certainement déguerpir!

Enfin, n'ayez aucune attente et vos chances, à court et à moyen termes, seront meilleures. Si quelqu'un développe beaucoup d'attentes, cela se sent. Le truc, c'est de lancer de petites invitations. On ne pensera pas que vous vous attendez à grand-chose et on aura moins peur de vous approcher. Rappelez-vous des bonnes activités à faire lors d'une première sortie.

Les différences hommes-femmes

Ce que vous venez de lire vaut pour l'homme et pour la femme, mais, malheureusement mesdames, il est peut-être préférable d'attendre un peu avant de faire des invitations directes. Histoire de ne pas trop faire peur aux «chasseurs»! Il ne s'agit pas de demeurer passive! Apprenez simplement à connaître davantage la personne. Vous pouvez commencer par inviter l'homme à vous donner un coup de main dans des situations où il se sent valorisé. Invitez-le à vous aider à choisir votre nouvelle voiture, votre ordinateur, votre équipement de ski, vos patins à roues alignées, à sortir votre voiture de la neige. Demandez-lui de vous raccompagner jusqu'à votre voiture le soir après le travail, etc. Ça semble vieux jeu, mais ça fonctionne! L'homme se sent très valorisé et il n'a pas l'impression de perdre son statut de «chasseur».

En fait, en procédant ainsi, mesdames, vous aurez la chance d'effectuer un «retour d'ascenseur» si vous le souhaitez. Vous pourrez inviter la personne à aller prendre un verre, un café ou même à souper afin de la remercier de son aide. De cette façon, vous avez tous les deux un bon prétexte. Vous vous aidez mutuellement. Personne ne sent que la rencontre a pour but de développer une relation amoureuse... même si personne n'est complètement dupe.

Messieurs, vous pouvez vous montrer un peu plus directs, mais si vous êtes un tant soit peu créatifs, vous pouvez procéder de la même manière que les femmes. Évitez toutefois d'inviter la femme à vous aider à choisir votre balayeuse ou votre cuisinière! Blague à part, je suis d'avis que les hommes peuvent inviter directement, mais trouver un prétexte, c'est encore mieux. À court d'idées? Invitez la personne à vous accompagner lors d'une activité que vous aimez :

◆ «Laurence, je sais que tu cherches un centre de conditionnement physique. Tu peux venir essayer le mien si tu veux. Je m'entraîne tous les soirs.»

◆ «J'ai deux billets pour la première de *Songe d'une nuit d'été*; ce serait chouette que tu puisses m'accompagner.»

◆ «Sylvie, je vais au magasin d'équipement de plein air. Veux-tu venir? As-tu acheté ton parka?»

Enfin, vous pouvez inviter tout simplement l'autre de manière directe : «Sylvie, aimerais-tu venir voir le film XYZ avec moi cette semaine? Il paraît qu'il est très bon.» Un conseil : évitez les films polonais sous-titrés en anglais dans un premier temps…

La vision réaliste des invitations
(ou comment accepter un refus)

Vous avez pris votre courage à deux mains et mis en pratique vos techniques de communication. Votre invitation était tout à fait adéquate et appropriée, mais on l'a refusée. Vous êtes découragé! Votre confiance a été atteinte. Que faire?

C'est ici que vous devez mettre en pratique ce que vous avez appris dans le chapitre 4. Rappelez-vous que ce sont vos pensées, seulement vos pensées, qui vous font mal, et non le refus que vous venez d'essuyer. Utilisez la technique de restructuration cognitive. Examinez bien vos pensées. Êtes-vous en train de vous dire que vous n'êtes pas désirable? Que personne ne voudra de vous? Croyez-vous qu'un rejet est une honte? Une fois que vous avez reconnu les pensées qui vous font du mal, confrontez-les. Je vous offre ici quelques exemples de confrontation. Ce n'est pas parce qu'on a refusé votre invitation une fois qu'on vous dira toujours non. Même les meilleurs frappeurs au baseball ne frappent un coup sûr qu'une fois sur trois! Les vendeurs les plus efficaces concluent une vente une fois sur dix! Peut-être que la personne avait réellement une autre activité ce soir-là. Essayez de nouveau. Soyez persistant! Je préconise la technique des trois prises, ici. Vous invitez la personne au moins trois fois. Cela élimine les ambiguïtés. Vous aurez la certitude d'avoir vraiment essayé. Un refus (une prise) : la personne avait autre chose à faire. Deux refus (deuxième prise) : elle avait encore autre chose à faire, elle doit être très occupée. Trois refus : vous êtes retiré! La personne n'est probablement pas intéressée par vous en ce moment. Au mieux, elle vous rappellera lorsqu'elle le sera. Au pire, la personne ne saura jamais ce qu'elle manque! Un refus pour une invitation ne veut absolument rien dire sur votre valeur personnelle. Peut-être refuse-t-on votre invitation parce qu'on ne se sent pas à la hauteur.

Acceptez le refus sans laisser transparaître votre frustration ni être sur la défensive. Combinez plutôt humour et légèreté : «Il n'y a pas de problème, on se reprend peut-être une autre fois.» «Tu es une fille en demande, je m'y prendrai à l'avance la prochaine fois.»

Pensez à inviter une autre personne qui serait peut-être davantage intéressée. N'attendez pas que la personne change d'idée et qu'elle vous invite. Si elle est vraiment intéressée par vous, elle saura où vous trouver. Allez vers quelqu'un d'intéressé à mieux vous connaître... ou inspirez-vous des suggestions mentionnées à la fin du premier chapitre pour vaincre ou apprivoiser la solitude.

La première sortie

Arriver à l'heure ou pas?

On a accepté votre invitation! Vous voilà prêt pour votre première sortie officielle. Le rendez-vous est prévu pour une heure précise, mais vous vous demandez à quel moment vous devez arriver. Vous vous posez sans doute cette question parce que vous savez que le temps parle. En fait, notre utilisation du temps transmet des messages parfois puissants. Quelqu'un qui arrive très à l'avance pour un rendez-vous est manifestement très intéressé. Au contraire, si une personne arrive en retard, on en déduira qu'elle n'est pas très motivée à nous rencontrer. On pourra aussi penser que cette personne manque de respect ou qu'elle est irresponsable. Vous vous demandez à quelle heure arriver? Soyez simplement à l'heure! On ne pensera rien de mal. Vous êtes tenté d'arriver en retard pour montrer à votre nouvelle conquête que vous n'êtes pas trop en amour ou que vous êtes une personne importante? N'y songez plus! Personne n'aime vraiment les individus qui jouent des jeux. Si toutefois vous arrivez en retard par erreur, excusez-vous vivement et sincèrement.

Soigner son apparence

Malheureusement ou heureusement, quelques minutes suffisent pour se faire une impression de quelqu'un. Et cette impression, surtout si elle est mauvaise, se révèle difficile à changer. Il importe donc de soigner votre apparence pour cette première rencontre, c'est-à-dire vos vêtements, votre coiffure et votre odeur corporelle. Ce n'est pas nécessaire – ni souhaitable – d'opérer une complète métamorphose pour donner bonne impression, mais il faut faire quelque chose. Bien sûr, vous savez probablement déjà tout ce que j'écris ici; voici donc un simple rappel.

Les vêtements

Vous vous demandez comment vous vêtir pour cette première rencontre? Rappelez-vous ce qui a été écrit au chapitre 7. Vous devez vous habiller pour produire une bonne première impression. Afin d'y parvenir, voici quelques règles importantes à suivre.

1. HABILLEZ-VOUS DE FAÇON APPROPRIÉE À LA SITUATION. À Rome, faites comme les Romains. Vous ne vous vêtirez pas de la même façon si vous allez dans un chic resto ou dans un petit café.

2. HABILLEZ-VOUS DU MÊME STYLE QUE LA PERSONNE AVEC QUI VOUS SORTEZ. Si cette personne a un *look* plutôt décontracté, portez des vêtements décontractés aussi. Rappelez-vous ce que la psychologie nous enseigne sur le sujet : nous aimons les gens qui nous ressemblent, car nous nous sentons acceptés d'eux.

3. **PORTEZ DES VÊTEMENTS DANS LESQUELS VOUS VOUS SENTEZ À L'AISE.** Même s'il faut porter des vêtements soignés, évitez de vous habiller pour impressionner. Résistez à la tentation de vous acheter des vêtements spécialement pour l'occasion. Mettez plutôt cette robe ou ce blouson qui vous a procuré beaucoup de compliments. Ce n'est tout simplement pas le temps d'expérimenter un nouveau *look* lors d'une première rencontre. Par ailleurs, le fait d'investir de l'argent, parfois de façon excessive, pour cette sortie augmente vos attentes... et la déception si cela ne fonctionne pas.

Bref, portez de beaux vêtements appropriés à la situation et qui se marieront au style vestimentaire de la personne que vous courtisez. S'il importe de bien paraître afin de produire une bonne première impression, ne perdez pas de vue qu'il s'agit d'une sortie... pas plus !

La coiffure

Conservez votre coiffure habituelle. Si vous avez besoin de rafraîchir votre coupe, rien ne vous en empêche, mais ce n'est pas le temps d'essayer des coiffures extravagantes... à moins de sortir avec quelqu'un d'extravagant !

L'odeur corporelle

Terminons par l'odeur corporelle puisque si vous ne sentez pas bon, même si vous êtes la plus belle, la mieux coiffée, la mieux vêtue des personnes, vous ne parviendrez pas à séduire. Vous ne me croyez pas ? Relisez la fin du chapitre 8. Faites attention à votre odeur ! Inutile de vous recommander de prendre une douche juste avant la sortie et de ne pas oublier les vertus du déodorant... Mais pour avoir entendu quelques histoires plutôt désastreuses sur le sujet, je ne peux m'empêcher de le mentionner ! Vous pouvez mettre un parfum, mais évitez de vous asperger ! Mettez-en suffisamment pour qu'on vous sente à moins de un mètre, pas davantage. Un parfum doit nous suivre, pas nous précéder... Redisons un mot sur l'haleine. Prêtez attention à ce que vous mangez longtemps avant votre sortie. Pas de mets épicés, pas d'oignons et, bien sûr, surtout pas d'ail ! Brossez-vous les dents juste avant la sortie et utilisez un rince-bouche. Vous croyez avoir un sérieux problème d'haleine ? Demandez à votre dentiste de vous recommander un produit. Mais encore une fois, soignez votre haleine, sinon n'y comptez pas, vous allez rester seul !

Savoir discuter

Une parole partagée

Les hommes parlent souvent comme s'ils étaient en entrevue pour un emploi, et les femmes ont tendance à vouloir se montrer réceptives et à les laisser parler d'eux. Ce n'est pas nécessairement bon, car lors d'une première rencontre, un homme peut avoir la nette impression qu'une femme «tout ouïe» est conquise, à ses pieds, et qu'elle le place sur un piédestal. Les femmes peuvent parler d'elles également... sans nécessairement s'épancher ! Les hommes peuvent parler d'eux, mais aussi s'informer de leur partenaire... avec enthousiasme si possible !

Quelques sujets de discussion

Rappelez-vous que la première sortie fait partie du premier stade d'évolution de la relation, soit celui de quelques sujets superficiels (voir chapitre 9). Ce n'est donc pas le temps des grandes révélations intimes ou des questions indiscrètes! Optez plutôt pour des sujets légers : ce qui vous a unis, ce que vous avez en commun avec l'autre, vos passe-temps favoris... Le tout avec humour!

La proximité

La distance interpersonnelle est très importante. N'oubliez pas la bulle psychologique... à ne pas pénétrer trop rapidement! Soyez attentif à l'évolution de la relation. Si elle évolue bien, vous pouvez vous approcher davantage de l'autre. Vous pouvez aussi effectuer quelques petits tests. Rapprochez-vous de plus en plus de la personne pour de très courts moments (quelques secondes) et évaluez sa réaction. Si elle semble réceptive, c'est bon signe. Si elle semble mal à l'aise, attendez, ce n'est tout simplement pas le temps!

Le toucher

Lors de la première rencontre, il faut utiliser le toucher de façon très judicieuse. Le principe est le même que pour la proximité. Suivez l'évolution de la relation et faites quelques tests. Touchez certaines parties du corps (voir la liste à la fin du chapitre 8 dans la section «La distance interpersonnelle et le toucher») pour de brefs instants et observez la réaction. De grâce, ne tenez pas la main la première fois! Ce genre de toucher revêt une bien trop grande signification!

Le contact visuel

N'oubliez pas de regarder la personne dans les yeux sans fixer. Un bon contact visuel démontre que vous avez confiance en vous et en l'autre. Vous pouvez aussi vous servir du contact visuel pour évaluer l'intérêt de la personne à votre endroit. Si celle-ci vous regarde souvent dans les yeux et pour des périodes de plus en plus longues, c'est bon signe. Dans le cas contraire, ne vous découragez pas. La timidité des premières rencontres et la peur de s'engager trop rapidement (même si on le veut bien) peuvent y être pour quelque chose!

L'attitude à adopter

Lors de la première rencontre, une bonne attitude à adopter consiste à faire preuve d'un humour léger et d'un intérêt sincère pour l'autre. N'entretenez pas trop d'attentes. Ça ne fonctionne pas exactement comme vous le voulez? N'en faites pas un plat! Voyez plutôt la première rencontre comme une aventure, une chance d'en apprendre davantage sur l'autre... et sur vous.

Qui paie la facture?

Il s'agit d'un sujet difficile qui dépend de plusieurs facteurs. Si vous avez invité la personne, prendre l'addition n'est pas une mauvaise chose. Attention donc à votre façon de formuler l'invitation. Par exemple, «Josée, je t'invite à souper ce soir» est différent de «Josée, que dirais-tu d'aller souper ce soir chez Tony's? C'est bon et ce n'est pas trop cher.» Dans le premier cas, je pense qu'il faut payer, surtout si c'est l'homme qui formule l'invitation. Dans le deuxième cas, il semble plus clair qu'on partage. J'aimerais ajouter une précision pour les hommes. Ce n'est pas mauvais, les premières rencontres, d'offrir à payer la facture. De plus en plus souvent, les femmes vont insister pour partager la note ou en payer la totalité. Vous pouvez décliner en disant quelque chose comme : « C'est gentil d'offrir de partager, mais c'est moi qui t'ai invitée ce soir et ça me fait vraiment plaisir. » Vous pouvez aussi accepter en répliquant : « Bon, d'accord, on partage ce soir, mais tu me laisses payer la prochaine fois que je t'invite ! » Cette dernière façon laisse la porte ouverte pour une autre invitation. Mesdames, si vous voulez payer votre part, vous n'avez qu'à insister et la plupart des hommes vont acquiescer. Vous pouvez aussi accepter l'invitation, mais ce n'est certes pas mauvais d'offrir de contribuer à payer l'addition. « C'est très gentil, mais j'aimerais contribuer si tu veux. Voici ma part. » L'homme refuse ? « Bon, j'accepte, merci beaucoup, mais [si vous avez envie de le revoir] la prochaine fois qu'on sort, c'est moi qui t'invite. » Si vous ne voulez plus le revoir et si vous ne voulez pas payer non plus, cela demeure correct. « C'est très gentil, j'ai bien mangé. Merci ! »

Je vous avoue toutefois que le sujet de la personne qui paie varie en fonction de la culture et de l'âge. Dans certaines cultures et à certains âges, l'homme paie toujours et les femmes acceptent bien cela. Je suis d'ailleurs sorti quelque temps avec une Américaine du Midwest qui semblait habituée à ce que les hommes paient pour elle. Au début, je l'invitais et, bien sûr, je payais. Nous étions de pauvres étudiants du même niveau et elle n'offrait jamais de contribuer. Je ne lui en tenais nullement rigueur, mais ce qui était pour moi différent de notre culture québécoise, c'est que même si elle m'invitait à sortir et que la facture restait longtemps sur la table (je faisais exprès, ça faisait au moins une quinzaine de fois qu'on sortait ensemble), il n'y avait aucune réaction et aucune offre de payer. Et si nous sortions avec un groupe d'amis, elle trouvait toujours une façon de ne pas sortir son argent!

La fin de soirée

Ce moment est très important. C'est l'occasion pour dire à la personne si vous avez aimé la soirée et sa compagnie et, si vous le voulez, de tendre une perche pour la prochaine rencontre. «Josée, c'était une très belle soirée. J'ai bien apprécié.» Vous pouvez rester là et voir la réaction de l'autre ou vous pouvez tendre directement la perche. «J'espère qu'on se reprendra.» Certaines personnes, plus directes, lancent tout de suite une invitation pour une autre soirée. Ce n'est pas contre-indiqué, mais il n'y a rien de mauvais à attendre un peu. Vous pouvez rappeler la personne après quelques jours, afin d'y réfléchir un peu et de faire monter le désir de part et d'autre.

Il n'existe pas UNE bonne façon de terminer la soirée. Pour certains, ça se terminera au lit. Tant mieux si la relation a évolué ainsi et si c'est ce que vous voulez tous les deux. Cependant, dans bien des cas, on tendra simplement une perche pour laisser entrevoir une autre sortie et on ajoutera un baiser sur la joue.

L'évaluation
de la première rencontre

Vous revenez de votre première rencontre? Qu'en pensez-vous? La sortie a-t-elle été agréable? Avez-vous passé un bon moment? Compte tenu que les premières rencontres sont souvent anxiogènes, vous sentiez-vous assez à l'aise avec la personne? Vous sentez-vous attiré sexuellement par celle-ci? Il ne faut pas aller plus loin, ici. Si vos réponses à ces questions sont positives, c'est bon signe... Oui d'accord, ce n'était pas le coup de foudre. C'était bien, mais pas très détendu. Normal! Il s'agit de la première rencontre. L'anxiété entrait sans doute en ligne de compte. Le choix de l'activité demeure également un facteur à considérer. Le resto était peut-être moche ou alors la musique ennuyante, pas vraiment votre style. Chacun de ces aspects a pu ternir votre impression de la personne avec qui vous étiez.

Le bilan s'avère plutôt positif sans toutefois être parfait? Vous pouvez envisager une autre rencontre. Vous verrez lors de vos prochaines sorties, lorsque l'anxiété et le choix de l'activité seront des facteurs moins importants, si vous vous sentez bien avec la personne. Aussi, avec la fréquence accrue des rencontres dans des contextes variés, les sujets de discussion deviendront plus intimes. Vous apprendrez alors à mieux connaître l'autre.

Après plusieurs rencontres agréables, c'est le temps de réfléchir un peu plus en profondeur à cette relation. Servez-vous du tableau à la fin du chapitre 12 (pages 232 à 235). Vous y trouverez quinze suggestions de qualités à rechercher chez quelqu'un afin de vivre une relation pour les bonnes raisons...

Comment reprendre contact

Vous avez décidé après votre bilan de la première rencontre que c'était une bonne chose de revoir la personne? Mais qui fait les premiers pas? L'un des deux! Souvent la perche a déjà été tendue à la fin de la première sortie. Si vous l'avez tendue et que la réponse semblait favorable, vous pouvez sans problème inviter de nouveau. Si c'est l'autre personne qui a tendu la perche, attendez un peu. Néanmoins, si vous êtes las d'attendre, appelez! Il n'y a rien de pire que d'attendre le coup de téléphone de l'autre. Vous pourrez alors prendre un certain contrôle de la situation. Vous ferez aussi face à votre anxiété en vous exposant. Rappelez-vous qu'un non n'est pas une catastrophe!

Le choix des deuxième et troisième sorties

Plus souvent vous voyez la personne, plus il est indiqué de choisir des activités qui vous permettront de mieux la connaître. Oubliez le même bar bruyant! Toujours au cinéma? Pas *cool* non plus. Si le combiné resto-cinéma peut convenir, une longue marche et une belle discussion dans un café ou sur une terrasse – en saison bien sûr – demeurent l'idéal. Notons qu'il est aussi souhaitable que, dans les débuts, il y ait une possibilité de transfert de l'excitation. Vous vous souvenez? Si l'activité se révèle stimulante, l'excitation associée à celle-ci se transfère à vous et à votre partenaire.

Le rythme des rencontres

Il n'existe pas de règles pour la fréquence des rencontres. Suivez la vague de vos émotions. Plus c'est bon, plus on en veut. Mais attention, les gens ont d'autres occupations que les sorties en amoureux. Si vous sortez avec un jeune comptable ou une avocate, le seul temps que vous aurez ensemble risque d'être le week-end. Les jeunes professionnels doivent faire leurs

preuves dans un marché compétitif et ils font du 8 à 8!
Fini le temps du 9 à 5 pour plusieurs. D'autres personnes auront de jeunes enfants à charge en plus du
travail. Leur horaire n'est pas simple et le vôtre non plus
sans doute. Montrez-vous compréhensif!

> *Pierre et moi, on s'est vus une fois par semaine pendant
> plusieurs mois. J'étudiais pour mes examens de licence
> médicale, et lui, il était pris dans ses demandes de sub-
> ventions de recherche. On se parlait environ à tous les deux
> jours au téléphone et on s'envoyait des courriers électro-
> niques de temps à autre. Après le «rush», nous nous
> sommes fréquentés plus souvent, deux à trois fois la
> semaine. Cette fréquence de rencontres, qui n'était évidem-
> ment pas assez grande pour deux personnes qui s'aimaient
> bien, a duré encore un an. On a ensuite décidé de vivre
> ensemble. Même si l'on ne se voyait pas trop souvent, et
> que mes amies me disaient que ce n'était pas possible de
> faire survivre une relation avec aussi peu de fréquentations,
> j'avais confiance, j'étais bien avec lui et je croyais en l'avenir
> et au destin. Je pense que j'ai misé juste.*

Rappelez-vous que les vraies bonnes relations
prennent souvent du temps à se développer!

12

Comprendre et surmonter un rejet amoureux

Il arrive que notre démarche de séduction ne fonctionne pas... Nous avions pourtant tout mis en œuvre pour séduire et développer une relation avec cette personne qui a fait battre notre cœur. Nous avons utilisé les gestes et les mots qu'il faut et voilà que nous nous retrouvons le bec à l'eau! C'est la débâcle! Peu de situations atteignent autant l'estime de soi que celle de se faire rejeter par quelqu'un qui nous plaît ou qu'on aime. La rupture amoureuse constitue donc un événement stressant qui peut entraîner de fâcheuses conséquences sur notre état émotionnel. Le rejet amoureux peut aussi produire un effet négatif sur l'avenir de nos relations intimes. Explorons donc ce que la psychologie nous révèle au sujet des conséquences du rejet, puis examinons les raisons pour lesquelles ce dernier nous fait si mal. Enfin, voyons ce que la psychologie nous propose pour nous en sortir. On se rendra compte que le vieux dicton «un de perdu, dix de retrouvés» est bien sensé. Autrement dit, il ne faut jamais abandonner!

Les conséquences psychologiques du rejet amoureux

Nul n'est à l'abri d'un rejet amoureux. Vous pouvez être la plus belle et la plus intelligente des personnes, dotée de la plus rayonnante des personnalités et d'une bonne situation sociale, on peut quand même vous laisser tomber! On peut vivre une rupture après une ou deux rencontres, un mois de fréquentations, un an ou une vingtaine d'années de vie commune. Cinquante pour cent des mariages se terminent par un divorce et les personnes divorcées qui se remarient risquent davantage de se séparer de nouveau. De plus, ces chiffres ne représentent qu'une faible proportion d'unions qui échouent, car ils n'incluent pas les unions de fait et ces milliers de couples qui se fréquentent sans cohabiter (ces dernières relations durent généralement moins longtemps). Pensez à vos expériences antérieures. Combien de personnes avez-vous fréquentées jusqu'à maintenant? Ce calcul vous indiquera aussi le nombre de ruptures que vous avez vécues, à une relation près, bien sûr, si vous êtes présentement en couple. Si vous n'avez pas fréquenté plusieurs personnes, pensez aux relations que vous avez tenté d'amorcer et qui ont échoué. Déprimant comme exercice? Cela nous permet de réaliser jusqu'à quel point le rejet fait partie intégrante des relations de couple et du processus de séduction.

Le rejet amoureux engendre d'abord une panoplie d'émotions et celles-ci s'accompagnent de comportements qui peuvent s'avérer nocifs pour soi et pour l'autre. Ainsi, à la suite d'un rejet, on peut tour à tour se sentir triste, déprimé, anxieux, dépendant, coupable, ridicule, agressif, colérique… Chaque émotion s'accompagne généralement d'une variété de comportements. Par exemple, si le rejet nous met en colère, cette émotion pourra nous pousser à insulter la personne qui ne veut plus de nous. Le sentiment de dépendance, lui, peut se manifester par de multiples tentatives de revoir la personne et de la convaincre de revenir. Dans cette catégorie de comportements, on retrouve les téléphones fréquents, les lettres d'amour et d'excuses (parfois non justifiées), les cadeaux, etc. Certaines personnes font des menaces, allant parfois jusqu'à évoquer le suicide dans le but d'inciter l'amoureux perdu à revenir. D'autres, ressentant de l'agressivité, vont proférer des menaces physiques à la personne qui les a rejetées. Le fait de vivre la honte ou le sentiment de ridicule par rapport au rejet suscite habituellement un comportement d'isolement social et une anxiété face aux relations éventuelles. Le sentiment dépressif amène l'individu à un niveau de désespoir plus profond ainsi qu'à une autodévalorisation. Certaines personnes rejetées vont se plonger dans l'abus d'alcool, de médicaments ou de drogues. Bref, selon les circonstances particulières, le rejet peut engendrer des émotions variées et celles-ci seront le moteur de comportements plus ou moins nocifs. Il peut aussi influencer nos relations futures.

Des gestes qui défoulent

On est en colère? C'est une réaction normale et même salutaire! On peut...

◆ Casser un objet précieux qui nous rappelle notre partenaire... Il ne s'en portera pas plus mal!

◆ S'inscrire à des cours de boxe, monter sur l'arène pour des simulations de combat... sans effusion de sang! Le kickboxing, dont les femmes figurent parmi les plus fidèles adeptes, c'est tonifiant et ça fait sortir le méchant!

◆ Écrire à notre ex en lui lançant ses quatre vérités... Juste avant d'affranchir l'enveloppe ou d'envoyer notre message par Internet, on se rappellera simplement que c'est surtout nous que ce courrier concerne. On classe le tout dans la filière 13... pour mémoire!

Le passé garant de l'avenir

Les mauvaises expériences amoureuses peuvent être garantes de l'avenir. Une personne qui reste marquée par un rejet peut avoir tendance à éviter les relations futures. Si elle ne les évite pas, elle pourra entrer en relation avec une telle peur de l'intimité – à cause du rejet qui, croit-elle, en résultera – qu'elle ne s'ouvrira pas et ne s'engagera pas. Elle pourra aussi rechercher un partenaire tellement différent de celui qui lui a brisé le cœur que la nouvelle personne choisie devient trop différente d'elle et possède peu de choses en commun. «Ces hommes-là (beaux et *successful*), je ne suis plus capable de les supporter, ils sont imbus d'eux-mêmes et se font trop courtiser par les femmes», me confie une amie médecin après que son partenaire, également médecin, l'ait quittée. Parfois, après un rejet, on peut choisir des partenaires qui nous rassurent. Il s'agit souvent de personnes de moins belle apparence physique que nous, moins scolarisées, moins cultivées et de niveau socioéconomique moins élevé. Ainsi, après son rejet, mon amie a fréquenté son plombier, un homme plutôt timide et légèrement obèse qui éprouvait des problèmes financiers en plus d'être trop porté sur l'alcool! De surcroît, il ne possédait pas une personnalité très attachante. Mon amie me disait : «Au moins, celui-là, je ne le verrai pas au bras d'une autre femme.» En fait, la psychologie nous enseigne que notre choix de partenaire est effectué selon notre estime de soi. Lorsque cette dernière a été atteinte à la suite d'un rejet, on recherche les partenaires qu'on pense mériter.

Par ailleurs, si le rejet a été pénible et qu'on éprouve un problème de dépendance affective, on peut alors s'accrocher très vite à cette nouvelle relation, qu'elle soit bonne ou mauvaise pour nous. Quelques semaines après que son mari l'a quittée, une de mes clientes est allée vivre avec un homme... deux jours après l'avoir rencontré dans un bar. « J'ai vraiment besoin d'un gars dans ma vie, il est gentil et beau, je ne veux plus m'en séparer », m'avoue-t-elle à la séance de thérapie suivant sa première rencontre avec ce « bel inconnu ».

Sur une note différente, si l'on entretient un sentiment d'aigreur vis-à-vis de notre dernière relation, on peut en faire « payer le prix » au prochain partenaire. Je suis déjà sortie avec une fille sympathique qui, après quelques rencontres fort agréables, s'est mise à jouer l'indépendante. J'ai tout de même décidé de la revoir afin de comprendre ce qui se passait. En plus de jouer l'indépendante, elle tentait continuellement de me rendre jaloux en courtisant tous les beaux hommes sur son passage. De surcroît, elle ne cessait de se vanter de toutes les invitations qu'elle recevait et qu'elle comptait peut-être accepter. N'étant plus capable de supporter ce comportement plutôt étrange (en ce sens qu'elle était toujours très réceptive à mes avances et qu'elle m'invitait souvent à sortir), j'ai décidé de mettre fin à nos fréquentations. Lorsque je lui ai demandé pourquoi elle avait agi ainsi, elle m'a avoué qu'elle était « insécure » avec moi à cause de sa dernière relation avec un gars INDÉPENDANT qui tentait constamment d'éperonner chez elle la jalousie! Cette fille avait probablement décidé de me faire payer le prix de ses déboires amoureux antérieurs. Si l'on n'y prête pas attention, nos expériences amoureuses antérieures peuvent être garantes de l'avenir de nos relations, voire se reproduire sans cesse.

Comment expliquer les conséquences du rejet?

Pourquoi certains individus se remettent assez rapidement de ruptures alors que d'autres semblent ne jamais s'en relever?

Plusieurs facteurs expliquent les effets psychologiques du rejet amoureux. Il y a d'abord les facteurs externes, comme les circonstances de la rupture, la qualité de la relation avant celle-ci, l'expérience récente dans les relations (une série de rejets) et le fait que le rejet soit socialement mal perçu. Ensuite, plusieurs facteurs internes influencent l'impact du rejet : la personnalité, l'état psychologique et, le plus important de tous les facteurs, les pensées qu'on entretient.

Les facteurs externes

Certains facteurs externes viennent moduler les conséquences du rejet amoureux. Premièrement, la qualité de la relation (réelle ou perçue) influence grandement l'effet du rejet. Si vous étiez dans ce qui vous semblait être une bonne relation intime et que votre partenaire semblait répondre à vos critères de femme ou d'homme idéal, la perte sera plus difficile à supporter. C'est comme si la perle rare, qui vous a pris du temps à trouver, disparaissait en un clin d'œil. À l'inverse, si la personne ne correspondait pas tout à fait à vos critères ou qu'elle était correcte, mais sans plus, alors il s'agit évidemment d'une moins grosse perte. Bien sûr, une relation qui se termine après plusieurs années, avec des enfants issus de celle-ci, est plus difficile à surmonter et à accepter. Les souvenirs, bons ou mauvais, sont plus nombreux. Il y a également beaucoup d'amis en commun et des liens difficiles à briser avec la famille. Plus la relation a été longue, plus elle a marqué notre vie et plus le rejet se révèle habituellement difficile à surmonter, mais ce n'est pas toujours le cas.

Deuxièmement, notre expérience avec le rejet amoureux influencera notre réaction face à celui qu'on vient de vivre. Si vous venez de subir une série de rejets, il est fort possible que le dernier soit encore plus difficile à accepter et à supporter. Comme si, à chaque rejet, une partie de notre confiance s'évaporait. Finalement, une série de rejets peut facilement être interprétée comme une défaillance personnelle. Cependant, certains individus sont tout aussi bouleversés par un rejet même s'ils ont connu une bonne séquence de relations. Celui qui se fait rarement rejeter n'a pas appris à vivre avec la réalité du rejet amoureux autant que celui qui a été rejeté occasionnellement. L'orgueil entre également en jeu : si l'on a toujours été la personne qui a mis fin aux relations, on peut finir par croire que personne ne peut nous rejeter, même si rien n'est plus faux. En somme, l'individu qui s'est rarement fait rejeter tombe de haut lorsque cela lui arrive et celui qui s'est fait rejeter souvent peut éprouver une plus grande difficulté à accepter le rejet.

Troisièmement, les circonstances du rejet influenceront notre état émotionnel. Si la rupture s'effectue dans un climat de bonne communication, elle sera plus facile à accepter et à comprendre que si elle s'effectue soudainement et sans explications. Les êtres humains aiment comprendre et avoir le contrôle de leur environnement. Si l'on nous quitte sans explications claires, cela va à l'encontre de ce besoin de contrôle et risque de provoquer un sentiment d'impuissance. Selon l'éminent psychologue américain Martin Seligman, lorsque les humains sont placés dans des circonstances à l'intérieur desquelles ils ont peu de contrôle, ils développent un sentiment d'impuissance et courent le risque de faire une dépression. Les conclusions de Seligman proviennent de nombreuses recherches dont les premières portent principalement sur la race canine. Seligman et ses collègues voulaient d'abord étudier le développement de comportements d'évitement chez des chiens. Dans leurs expériences, ceux-ci sont placés dans une cage à deux compartiments. Ils commencent par recevoir un signal sonore suivi d'un choc électrique (non dangereux, mais désagréable). Dans ce montage expérimental, les chiens apprennent rapidement à sauter dans le deuxième compartiment de la cage au moment du signal sonore afin d'éviter le choc. Toutefois, Seligman a fait une étonnante découverte. Avant de placer certains chiens dans le dernier montage expérimental, il les place dans un montage où ceux-ci ne peuvent rien faire pour éviter le choc. Replacés ensuite dans la cage aux deux compartiments au moment du signal sonore, ces chiens réagissent très différemment. D'abord, ils se promènent de façon névrotique dans la cage. Aux prochains signaux sonores, ils s'écrasent passivement en pleurnichant et attendent de recevoir le choc. Bref, les chiens soumis à des chocs incontrôlables apprennent à devenir passifs et à ne rien faire. Selon Seligman, il existe un parallèle important entre le comportement de ces chiens et celui des humains qui vivent des expériences traumatisantes. Ces derniers ont tendance à s'écraser et à devenir dépressifs. Ainsi, lorsque la rupture d'une bonne relation est imprévisible, nous sommes portés à sombrer dans la déprime et à éviter ensuite toute nouvelle relation. En plus de fournir une explication à notre comportement dans le cas d'un rejet amoureux, l'étude de Seligman donne aussi des indices sur la manière de s'en relever. Pour sortir les chiens de leur torpeur, Seligman devait littéralement les traîner dans l'autre compartiment, et ce, à plusieurs reprises pour qu'ils apprennent qu'ils avaient le contrôle et pouvaient éviter le choc. Me voyez-vous venir? Pour se relever d'un rejet, il faut se «traîner» vers d'autres relations... mais nous en reparlerons plus loin.

On blâme trop souvent la victime...

Enfin, le dernier facteur externe qui influence l'impact du rejet, c'est que celui-ci s'avère, de façon générale, socialement mal perçu. Pensez-y un instant. Lorsque, dans une relation, vous prévoyez que la personne va vous laisser tomber (autrement dit, vous sentez la «soupe chaude»!), préférez-vous quitter la personne plutôt qu'attendre qu'elle vous laisse? Si oui, pourquoi? Lorsqu'on vous rejette et que les gens vous demandent qui a mis fin à la relation, avez-vous tendance à dire que vous vous êtes quittés d'un commun accord? Si oui, pourquoi? Lorsque vous quittez quelqu'un que vous aimez bien, mais qui ne semblait pas vous aimer autant, vous empressez-vous de dire à qui veut bien l'entendre que vous avez rejeté cette personne en utilisant des expressions comme : «Je lui ai donné son 4%», «Je l'ai flushé», etc. Si oui, pourquoi?

On agit souvent ainsi parce qu'on croit que la personne rejetée est perçue comme quelqu'un de moindre valeur : «Si elle est si bonne que cela, pourquoi l'a-t-il quittée?» «Elle doit avoir quelque chose de moche, celle-là.» De plus, la personne qui n'a pas pris l'initiative de la rupture fait souvent figure de victime. «Le pauvre, il fait pitié depuis qu'elle l'a flanqué là.» Certaines recherches en psychologie révèlent que nous entretenons une relation particulière avec les victimes. Nous avons tendance à prendre une distance psychologique et même physique avec elles. Les victimes nous font peur, car elles nous rappellent notre vulnérabilité. «C'est terrible ce qui lui arrive. Je serais incapable de supporter cela.» On ne veut pas croire que les misères de la vie, dont le rejet amoureux, peuvent nous arriver et les recherches démontrent que pour nous protéger, on blâme la victime. «À bien y penser, c'est un peu sa faute s'il l'a quittée, elle se laissait aller, elle ne prêtait pas suffisamment attention à son apparence ces derniers temps.» On pourrait croire que ce comportement, apparemment malsain, voire méchant, est réservé aux personnes que l'on considère comme «sans-cœur». Pourtant, il s'agit d'un comportement adopté par la majorité d'entre nous, et ce, simplement pour nous protéger. Donc, le rejet serait socialement mal perçu à cause de notre sentiment de vulnérabilité par rapport à celui-ci, et non parce qu'il reflète quelque chose de méprisable en soi.

Les facteurs internes

Examinons maintenant les facteurs internes qui rendent le rejet difficile à accepter et à surmonter. Premièrement, la psychologie nous apprend que notre personnalité influence significativement la façon dont on prend le rejet. Mais avant tout, qu'est-ce que la personnalité? On pourrait la définir comme notre tendance, relativement stable, à percevoir, à réagir et à se comporter vis-à-vis de notre environnement (les facteurs externes). On utilise souvent des adjectifs pour décrire les personnalités. Par exemple, on dit d'une personne qu'elle est sociable, timide, joyeuse ou dépressive. La personnalité se distingue de l'état psychologique de l'individu, davantage lié aux circonstances. À la suite d'une séparation, une personne peut se trouver dans un état dépressif, mais cela ne signifie pas pour autant qu'elle est une personne dépressive. Au contraire, cette personne pouvait avoir un tempérament plutôt gai avant sa rupture et elle le retrouvera après un certain temps. Donc, la personnalité de chacun d'entre nous comporte plusieurs caractéristiques... et c'est ce qui fait que l'on est qui l'on est la plupart du temps! Bien sûr, notre personnalité possède de bonnes caractéristiques... et de moins bonnes. Certaines personnes souffrent de ce que les psys appellent des troubles de la personnalité. Il s'agit de traits de la personnalité trop marqués ou trop figés, inadaptés aux situations et entraînant une souffrance pour soi-même ou pour les autres (ou les deux!). Dans le cadre de relations intimes, certaines personnalités éprouvent plus de difficultés à accepter et à se relever d'un rejet, particulièrement la personnalité dépendante. Dans l'ouvrage de référence des troubles émotionnels (le DSM IV), le trouble de la personnalité dépendante se caractérise par :

◆ Le besoin excessif d'être rassuré et soutenu par les autres ;

◆ La difficulté à prendre des décisions par soi-même ;

◆ La difficulté à exprimer son désaccord avec les autres ;

◆ La peur excessive du rejet et la certitude d'être incapable de vivre seul ;

◆ La recherche urgente d'une autre relation après une séparation.

Les personnes qui souffrent d'un problème de personnalité dépendante croient qu'elles ont absolument besoin de quelqu'un dans leur vie pour fonctionner. Aussi, selon la psychologie, ces individus risquent d'être particulièrement perturbés par un rejet. Leur monde s'écroule.

Il ne faut pas nécessairement souffrir d'un trouble de la personnalité pour vivre difficilement le rejet ; notre état psychologique influence aussi la façon de prendre le rejet. Par exemple, si une personne est déprimée au moment du rejet, elle éprouvera plus de difficultés à accepter et à surmonter un rejet amoureux. Si quelqu'un passe des moments pénibles soit au travail, soit sur les plans de la santé physique, des finances personnelles ou de ses relations familiales ou amicales, il lui sera généralement plus difficile d'accepter une rupture que si cela se produit à un moment où tout va bien. La confiance et la force psychologique qu'il a perdues peuvent momentanément l'empêcher de se relever.

Le dernier facteur interne, notre façon de penser, est probablement celui qui influence le plus l'effet du rejet sur l'état psychologique. Connaissez-vous ce dicton : « Personne ne peut vous faire sentir mal sans votre consentement » ? Il est appuyé par plusieurs re cherches en psychologie. Si les pensées jouent un rôle clé dans le processus de séduction, elles en jouent également un dans la façon dont nous prenons le rejet. Certaines pensées quant au rejet sont si défaitistes et catastrophiques qu'elles peuvent causer la déprime et le désespoir. Voici une liste de pensées irréalistes qu'entretiennent les gens lorsqu'on les abandonne. Portez-y attention. Les avez-vous déjà entretenues ? Quelle influence ont-elles eue sur votre état psychologique ? Sur votre comportement ?

- ◆ « Je ne vaux pas grand-chose. »
- ◆ « Elle ne m'a jamais vraiment aimé. »
- ◆ « Il m'a fait perdre mon temps. »
- ◆ « Elle ne m'aimera plus jamais. »
- ◆ « Plus personne ne m'aimera. »

- ◆ « Je vais finir mes jours seul. »
- ◆ « J'ai absolument besoin de quelqu'un dans ma vie. »

Il ne s'agit là que d'un très petit échantillon de pensées irréalistes que peuvent entretenir les gens lorsqu'ils se font rejeter. On qualifie ces pensées d'irréalistes parce que nous ne pouvons les appuyer par aucune preuve irréfutable. Les pensées ou les croyances irréalistes endommagent l'estime de soi, engendrent la dépression, atténuent notre confiance quant à notre capacité d'amorcer et de maintenir une relation dans l'avenir. Ce n'est pas la situation du rejet qui nous fait mal, mais bien comment nous l'interprétons. Peu importe la personne qui nous a rejeté, les circonstances du rejet, notre état émotionnel au moment de la rupture ou même notre personnalité, c'est notre façon d'interpréter le rejet qui fait en sorte que nous nous sentons mal. Il faut donc apprendre à adopter une vision plus réaliste du rejet pour atténuer son effet parfois dévastateur sur notre état psychologique. Voyons comment la psychologie nous apprend à interpréter le rejet amoureux.

Comment se sortir du rejet ?

Changer ses pensées

L'approche thérapeutique la plus étudiée et validée en psychologie est la thérapie cognitive. Pour plus d'information sur cette approche, référez-vous au chapitre 4. Dans ce chapitre, la technique de la restructuration cognitive y est également décrite. Souvenez-vous que ce sont nos pensées qui nous font du mal, et non pas les situations. Nous pouvons donc apprendre à générer de nouvelles pensées, plus réalistes, afin de nous sentir mieux. Je rappellerai tout d'abord les trois étapes de la restructuration cognitive. Ensuite, nous verrons une application pratique de cette technique dans le cadre d'un rejet amoureux.

La première étape de la restructuration cognitive consiste à prendre conscience des pensées irréalistes vis-à-vis de la situation. Pensez à une situation de rejet que vous avez vécue. Que vous dites-vous? Que pensez-vous de vous-même quant à cette situation? Fermez les yeux et essayez de vous revoir le jour où l'on vous a laissé tomber. Que voyez-vous? Comment vous sentez-vous? Si vous vous sentez triste, pourquoi? Vous vous sentez ridicule? Pourquoi? Seul? Pourquoi? Tentez d'identifier les pensées qui accompagnent chaque émotion ressentie. Après avoir reconnu vos émotions et les pensées qui les causent, passez à la deuxième étape de la restructuration cognitive : la confrontation des pensées à la réalité.

La deuxième étape consiste à voir si les pensées qu'on entretient vis-à-vis de la situation sont réalistes. Pour chaque pensée identifiée, vous devez évaluer, en vous basant sur vos expériences antérieures, la probabilité qu'elle soit réaliste. Il s'agit de discerner si votre façon de percevoir la situation est réelle plutôt que fondée sur des hypothèses et de fausses impressions.

La dernière étape de restructuration cognitive consiste à remplacer les pensées irréalistes par des pensées plus réalistes et constructives. Il s'agit de regarder froidement la situation sur la base des faits et des probabilités, et de s'en forger une idée réaliste. Voici donc un exemple de la technique de restructuration cognitive appliquée à la situation de Chantal, 24 ans, qui vient de se faire laisser par son copain après trois mois de fréquentations intensives.

Pensée irréaliste	Confrontation à la réalité	Pensée plus réaliste
Il ne m'aime plus alors je ne vaux pas grand-chose comme personne.	Qui a dit que je ne valais pas grand-chose? Le fait qu'il ne m'aime plus veut-il nécessairement dire que je ne vaux pas grand-chose comme être humain? Qu'est-ce que je vaux au juste? Quelles sont mes qualités?	Le fait qu'il ne m'aime plus ne signifie nullement que je ne vaux rien comme humain, au contraire! L'image que je lui renvoie ne lui plaît sans doute plus. Cela veut simplement dire qu'il ne m'aime plus, point à la ligne. J'ai plusieurs qualités, mais il ne les apprécie plus maintenant. Ma valeur personnelle ne doit pas être remise en cause parce que la rupture est difficile à accepter. Je ne suis peut-être plus la bonne personne pour lui, mais je le serai certainement de nouveau pour quelqu'un d'autre.
Je ne serai pas capable de vivre sans lui.	Quelle preuve ai-je de cela? Est-ce que j'ai déjà vécu sans lui dans le passé? Où est-il écrit que nous avons absolument besoin de quelqu'un pour vivre?	J'ai déjà vécu seule et heureuse dans le passé, et j'en suis de nouveau capable. C'est difficile au début, mais je sais qu'on n'a pas absolument besoin d'une personne pour vivre comme on a besoin de nourriture. J'envisage cette situation comme un défi personnel à relever qui sera aussi une importante expérience de vie. Il s'agit d'un défi dans lequel je vais apprendre à vivre seule un moment et bien dans ma peau.
Je ne rencontrerai plus jamais personne et je vais rester seule toute ma vie.	Quelles sont les chances que je ne rencontre plus jamais personne dans ma vie entière?	La vie est longue et il y a plusieurs hommes sur la terre. Les chances que je ne rencontre personne sont faibles. La venue du prince charmant n'est peut-être pas pour

| Il était l'homme de ma vie. | L'homme de ma vie, vraiment? Est-ce que je ne mérite pas plutôt quelqu'un qui m'aime? Et puis, comment faire pour savoir s'il s'agit de l'homme de ma vie? | demain, mais les chances de rencontrer une personne agréable sont bonnes. Je vais maximiser les possibilités de susciter des rencontres en utilisant plusieurs techniques dont celles décrites dans ce livre et je vais me montrer patiente, car, au fond, je sais que je n'ai pas besoin de quelqu'un pour être heureuse. Il était quelqu'un d'agréable que j'aimais bien, mais, malheureusement, le sentiment n'était pas réciproque. Ça se passe parfois ainsi dans la vie. Je crois que je mérite d'être aimée par quelqu'un que j'aime. J'ai de bonnes chances, dans cette longue vie, de trouver quelqu'un que j'aime et qui m'aime aussi. |

La liste des défauts

Je place la technique de la liste des défauts séparément de la restructuration cognitive, mais elle aide à effectuer celle-ci. Fort simple, cette technique consiste à dresser une liste de tous les défauts de la personne qui vous a laissé. Notez aussi tout ce que cette personne vous a fait de mal. Vous verrez, ça défoule! Voici la liste des défauts qu'a produite Chantal :

◆ Il n'était pas romantique.

◆ Il ne m'appelait pas souvent.

◆ Il annulait souvent nos rendez-vous à la dernière minute ou il arrivait en retard.

◆ Il n'était pas sportif.

◆ Il fumait la cigarette.

◆ Il n'aimait pas mes amis.

◆ Je n'aimais pas ses amis.

◆ Nous avions peu de choses en commun.

◆ Sa mère ne m'aimait pas.

◆ Il était trop souvent en désaccord avec moi sur plusieurs sujets.

◆ Il me critiquait souvent.

◆ Il n'était pas un très bon amant.

Vous vous demandez quel est le but d'un tel exercice? Eh bien, si vous éprouvez de la difficulté à décrocher de la personne qui vous a rejeté, votre attirance pour elle demeure probablement très forte. Croyez-le ou non, les recherches démontrent que le rejet intensifie le sentiment amoureux, et ce, pour plusieurs raisons. D'abord, l'émotion de surprise, d'anxiété et de détresse après un rejet crée des sensations physiques qui peuvent être faussement interprétées comme des sensations ressenties lorsqu'on est fortement attiré par quelqu'un. Aussi, après le rejet, on se dit souvent : «Je dois vraiment l'aimer si je me sens aussi mal.» C'est comme si l'on se convainquait qu'on aime davantage la personne qu'en réalité. Enfin, on peut attribuer un statut plus élevé à une personne qui ne veut pas de nous. On pense que si la personne ne veut pas de nous, c'est qu'on n'est pas assez bon pour elle et donc qu'elle est meilleure... à tort bien sûr. Si vous continuez à désirer être en relation avec cette personne, vous lui trouvez sans doute encore plus de qualités que de défauts. Souvent, après une séparation, nous nous accrochons à tous les bons côtés de la relation et nous nous montrons prêts à oublier les défauts qui, pourtant... La séparation et le fait d'envisager d'être seul peuvent créer tout un contraste avec le fait d'être dans une relation, même si celle-ci n'est pas adéquate pour nous. Dresser la liste des défauts remet les pendules à l'heure. On y va? Une seule consigne : trouver dix défauts! Ou plus...

Ma liste de défauts

1. _____

2. _____

3. _____

4. _____

5. _____

6. _____

7. _____

8. _____

9. _____

10. _____

Dresser un bilan réaliste

La rupture constitue une belle occasion de se regarder dans le blanc des yeux et de voir ce que nous avons fait de bien et de moins bien. Il s'agit d'imaginer (seulement imaginer!) que la rupture est notre décision. Imaginez que vous auriez pu demeurer dans cette relation si vous aviez changé certaines choses. La principale question peut se formuler ainsi : «Si c'était à refaire, qu'est-ce que je changerais?» Par exemple, dressez une liste des stratégies de séduction qui n'ont pas fonctionné. Peut-être que vous n'avez pas été vous-même ou que votre situation de vie ou votre état psychologique ne vous prédisposaient pas à une relation. Bref, la question à se poser ici est la suivante : «Qu'est-ce que je peux changer ou améliorer pour ma prochaine relation?» On reproduit parfois ce qu'on appelle des «patterns» et lorsqu'on en prend conscience, une partie du chemin est effectuée...

C'est quoi une bonne relation?

Quelquefois, on trouve très peu de choses à se reprocher dans une relation qui a mal tourné. Celle-ci s'est peut-être terminée en raison de trop grandes différences (rappelez-vous du principe de «qui se ressemble s'assemble»!). Peut-être que cette relation ne vous convenait pas. On est alors en droit de se demander en quoi consiste une bonne relation. Chacun a ses réponses... les psychologues aussi. Dans son livre *Head Over Heart In Love*, l'auteur Bill Borcherdt dresse une liste des qualités à rechercher chez quelqu'un avec qui l'on désire vivre une relation amoureuse durable. Soulignant le fait qu'on choisit souvent des partenaires pour de mauvaises raisons, Borcherdt dresse cette liste pour inciter ses lecteurs à réfléchir sur les bonnes raisons de choisir leurs partenaires.

15 bonnes raisons = 1 bonne relation!

En s'inspirant de la liste de Borcherdt, voici quelques suggestions de qualités à rechercher chez quelqu'un afin de vivre une relation pour les bonnes raisons...

Recherchez donc :

1. *Quelqu'un d'ouvert d'esprit qui tolère bien les frustrations inévitables.*

   La vie de couple est remplie de hauts et de bas qui mettent à l'épreuve la patience et la tolérance des partenaires. Une personne impatiente qui ne tolère pas bien les frustrations dès le début d'une relation risque de disparaître lors des premières vraies épreuves de la vie à deux.

2. *Quelqu'un qui poursuit des buts dans la vie.*

   Une personne qui a une passion dans la vie en plus d'un sens de la direction à prendre est drôlement plus intéressante qu'une personne qui va et vient au gré du vent. Il s'agit généralement d'individus qui s'accrochent à la vie; ils risquent donc de s'accrocher aussi à leurs relations. À moins que leur but principal prenne toute la place!

3. *Quelqu'un doté d'un bon sens de l'humour et qui ne se prend pas trop au sérieux.*

   Un couple qui rit ensemble reste ensemble.

4. *Quelqu'un avec une perception réaliste des qualités et des défauts de ses parents.*

   Vous risquez d'avoir souvent dans les pattes les parents de quelqu'un qui les place sur un piédestal! Méfiez-vous aussi de la capacité d'attachement de quelqu'un qui dit détester ses parents.

5. *Quelqu'un qui vous encourage et vous soutient dans vos projets.*

   Recherchez une personne qui n'est pas seulement intéressée par ce que vous pouvez faire pour elle, mais également par ce que vous faites.

6. **Quelqu'un qui partage des valeurs communes au sujet des enfants.**

Le fait de partager les mêmes objectifs au sujet d'avoir ou non des enfants (ou d'entrer en relation avec les enfants de son conjoint), sur la façon de les éduquer, ainsi de suite, peut vous épargner beaucoup de tension et de conflits.

7. **Quelqu'un qui partage vos croyances religieuses.**

Les croyances religieuses différentes peuvent semer beaucoup d'embûches. Les mariages inter-religieux ne sont souvent pas acceptés par les tenants de certaines religions. Ces unions amènent des conflits familiaux importants, ce qui commence plutôt mal une relation de couple. Enfin, les études suggèrent que les mariages inter-religieux ne possèdent pas un bon pronostic de survie. Toutefois, il y a des exceptions.

8. **Quelqu'un avec un niveau de scolarité semblable au vôtre.**

Il s'agit encore une fois du principe de «qui se ressemble s'assemble». Les gens qui ont fait de longues études risquent de ne pas trouver suffisamment de stimulation intellectuelle avec quelqu'un qui n'a pas été à l'école longtemps. Inversement, la personne moins scolarisée peut trouver son partenaire plus instruit un peu trop sérieux et intello. De plus, elle pourra se sentir inférieure, ce qui amènera des tensions importantes dans le couple.

9. **Quelqu'un d'apparence physique semblable.**

Encore une fois, «qui se ressemble s'assemble». Les études démontrent que les partenaires équivalents sur le plan de la beauté physique ont plus de chances de développer une relation de couple durable. L'inégalité sur le plan de l'apparence physique engendre du malaise et des tensions dans le couple.

10. **Quelqu'un qui prône l'interdépendance.**

Une personne qui désire établir une relation intime avec vous, sans pour autant désirer fusionner avec vous, est un très bon facteur pronostique d'une relation. Vous ne voulez pas d'une personne trop indépendante, de même que vous ne voulez pas d'une sangsue.

11. **Quelqu'un d'optimiste.**

C'est plus agréable et facile de vivre avec une personne qui voit le verre à moitié plein plutôt qu'à moitié vide. La vie nous offre parfois des citrons; quelqu'un d'optimiste saura en faire de la limonade!

12. **Quelqu'un qui s'aime, mais qui n'est pas en amour avec lui-même.**

À moins que vous vouliez absolument vivre au service de l'autre sans rien espérer en retour, évitez les relations avec les personnalités narcissiques – ces individus qui sont en amour avec eux-mêmes (voir une description plus détaillée de ce problème de la personnalité au chapitre 6). Les personnes narcissiques se prennent pour le nombril du monde et les choses doivent toujours être faites selon leurs désirs. De plus, elles possèdent une très faible capacité d'empathie. Évitez également les relations avec les personnes qui ne s'aiment pas suffisamment et qui vont chercher dans le regard de l'autre une perpétuelle approbation. Ces personnes sont souvent portées à rabaisser l'autre, à le dénigrer, simplement pour se sentir exister et pour «redorer» leur propre identité, par ailleurs fort fragile.

13. *Quelqu'un qui fait face aux épreuves de la vie avec courage et qui essaie de les comprendre.*

S'associer avec quelqu'un qui cherche à comprendre et à surmonter ses difficultés interpersonnelles se révèle fort intéressant. Ces gens d'action qui vont à la recherche de réponses (et de questions!) sont très stimulants. Ils ne cessent de grandir. À leur contact, nous grandissons aussi!

14. *Quelqu'un capable de dire non et sachant accepter le refus.*

Les problèmes de communication sont probablement la plus grande source de conflits dans les relations de couple. Les partenaires éprouvent souvent des difficultés d'affirmation de soi. Ou ils s'oublient trop pour l'autre en ne communiquant pas leurs besoins et en se montrant incapables de dire non, ou ils n'acceptent pas le refus et ne respectent pas les besoins de l'autre.

15. *Quelqu'un avec des besoins sexuels semblables aux vôtres.*

Plusieurs problèmes de couple surgissent lorsque les partenaires ne sont pas compatibles sur le plan du désir sexuel. Le partenaire qui a de plus grands besoins sexuels se sent souvent rejeté alors que le partenaire avec de moins grands besoins se sent inadéquat et coupable.

Maintenant que vous avez examiné les critères à rechercher chez quelqu'un afin de vivre une bonne relation, posez-vous la question suivante : mon ex-partenaire respectait-il ces critères? Si, pour la plupart des critères, la réponse est négative, il ne s'agissait probablement pas de la bonne personne pour vous. Tant mieux si cette relation a pris fin. Voici cependant une légère mise en garde. Les critères décrits précédemment sont seulement des pistes. Rien ne vous empêche de rechercher d'autres caractéristiques chez quelqu'un. C'est tout aussi correct! Les besoins diffèrent d'une personne à l'autre. Assurez-vous cependant que votre partenaire partage, dans l'ensemble, vos valeurs.

Un de perdu, dix de retrouvés

Les techniques décrites précédemment devraient vous aider à mieux comprendre le rejet et les émotions ainsi que les comportements qui y sont associés. Il reste cependant une étape à franchir pour se relever d'un rejet : reprendre courage et aller au-devant des nouvelles relations. C'est souvent à cette étape que l'on se rend compte qu'un de perdu… c'est dix de retrouvés!

«Oui mais… je ne me sens pas prêt à reprendre le chemin des rencontres…» Si ce sentiment est tout à fait normal, même après avoir mis en application les techniques cognitives décrites précédemment, rien ne vaut, croyez-moi, l'expérience de la rencontre avec d'autres pour tourner la page sur un rejet difficile. En fait, il existe au moins quatre avantages à aller vers les autres.

S'ouvrir aux nouvelles relations permet :

1. *D'oublier la personne qui nous a rejeté*

La présence d'une nouvelle personne agit comme une sorte de distraction et efface certaines traces, parfois douloureuses, du souvenir de l'autre qui nous a rejeté. J'exagère peut-être un peu, mais la rencontre d'une ou de plusieurs nouvelles personnes agit sur le fonctionnement de la mémoire. On sait, entre autres, que le cerveau procède d'une façon telle que toute nouvelle information qui capte son attention risque de faire oublier l'information plus ancienne qui a été enregistrée. Par exemple, si l'on vous demande de retenir une série de chiffres et qu'après un certain temps on ajoute plusieurs chiffres, vous risquez d'éprouver de la difficulté à vous rappeler exactement la première série de chiffres. Cela semble une façon un peu simple de présenter les choses, mais fréquenter une ou plusieurs personnes après un rejet améliore les chances d'oublier celle qui nous a rejeté. De plus, en voyant d'autres personnes, on passe moins de temps à réfléchir de façon quasi obsessionnelle à cette ancienne relation. Si l'on se remémore souvent certains souvenirs ou certaines informations, notre mémoire les retient encore plus. Si ces souvenirs sont douloureux, on a donc avantage à essayer de moins y penser, et le fait d'aller vers une personne nouvelle peut effacer ce souvenir douloureux. Donc, pour oublier l'autre, il faut savoir jouer avec sa mémoire...

2. De pratiquer ses habiletés de séduction

Le fait d'aller vers l'autre nous permet de pratiquer nos habiletés de communication et de séduction. En allant vers l'autre, on met en pratique les habiletés de communication verbale et non verbale décrites dans ce livre. Si la théorie c'est bon, il n'y a rien de mieux que la pratique pour consolider ses connaissances! On voit alors les nouvelles relations sous un autre jour. Au lieu d'envisager chaque nouvelle relation comme un succès (si c'est la bonne personne) ou comme un échec (si ce n'est pas la bonne), nous pouvons considérer les relations comme une chance d'apprendre à mieux communiquer avec l'autre. Cela enlève un peu de pression sur nos épaules, n'est-ce pas?

3. De faire face à son anxiété

Nous avons vu dans un chapitre précédent que les relations intimes peuvent être, à leurs débuts, une source de stress et d'anxiété. Dans ce chapitre, nous avons également appris comment mieux gérer notre anxiété à l'aide des techniques reconnues par la psychologie. Il s'agit de techniques de respiration, de la restructuration cognitive et de l'exposition aux situations anxiogènes. Le fait d'aller vers l'autre après une rupture nous permet donc de pratiquer toutes ces techniques. Une autre chance de développer de nouvelles habiletés!

4. De recevoir des compliments et de voir un autre miroir

Lorsqu'on est avec quelqu'un qui ne veut plus de nous et qui ne nous apprécie pas à notre juste valeur, on en vient à croire l'image qu'on voit dans ce miroir. «Cette personne pense que je suis ainsi... alors ça doit être vrai.» En présence d'une personne qui ne nous aime pas pour ce que l'on est, l'image qu'on a de soi risque de changer... parfois pour le pire. Après la rupture, on parvient souvent difficilement à se débarrasser de l'image négative qu'on a de soi, surtout si l'on n'a personne d'autre pour infirmer cette image. En décidant d'aller au-devant de nouvelles relations plutôt que de rester dans son salon, on prend le meilleur des risques : recevoir des compliments, des marques d'attention, de l'affection, etc. On se forme alors une autre image de soi, plus positive. Inutile de dire que ça fait du bien!

13

Les chemins mènent-ils tous à Rome?

J'ai essayé les services de rencontres Internet et le système des boîtes vocales. Je n'ai pas trouvé l'homme de ma vie, mais j'ai découvert des gens intéressants. J'ai développé de bons liens avec quelques personnes même si la chimie n'y était pas. Si certains hommes semblaient mal dans leur peau, dans l'ensemble c'était très bien.

DANIELLE, ADJOINTE ADMINISTRATIVE DANS LA QUARANTAINE

Après un rejet amoureux, il vient un temps où l'on juge la guérison bien entamée et on se met alors à chercher... Nous voilà prêts à tendre les bras! On a observé attentivement les personnes de notre entourage et lancé des invitations à celles qui nous attiraient, on a fréquenté régulièrement des endroits où l'on pouvait rencontrer des gens qui nous ressemblent, peine perdue, aucune perle rare à l'horizon! Que faire?

Il existe aujourd'hui des dizaines de catégories de services de rencontres pour faciliter «l'union parfaite» des partenaires ou, du moins, leur quête amoureuse. Des petites annonces aux agences de rencontres, les façons d'aller à la rencontre de l'autre sont aussi nombreuses que variées. Du très *low tech* et peu coûteux au très *high tech* et onéreux, il existe vraiment de quoi répondre à tous les goûts! Que penser de ces différentes formules? Y en a-t-il une qui nous convient davantage? Chose certaine, le fait de se lancer dans l'action plutôt qu'attendre et rester passifs peut nous redonner du pouvoir, sinon des ailes! Cette façon de procéder se révèle donc loin d'être aussi «désespérée» que cela peut sembler à première vue...

Pour qui, pour quoi?

Ces services prétendent réunir des gens qui ont, en principe, des caractéristiques semblables ou des besoins et désirs communs. Certains diront que ces services s'adressent uniquement aux perdants et aux dépendants, aux machos ratés et aux maniaques sexuels! D'autres affirmeront au contraire que ces services conviennent aux gens qui savent exactement ce qu'ils veulent et qui ne désirent surtout pas perdre leur temps à chercher dans tous les coins du monde ou passer plusieurs longues soirées dans les bars pour trouver l'âme sœur... celle-ci devant répondre à des critères bien précis. Il reste qu'on n'en sait pas beaucoup sur les utilisateurs de ces services. Tout comme vous, je connais des gens qui ont essayé différentes formules de rencontres. Quelques-uns ont trouvé l'amour de leur vie. D'autres s'en souviennent comme d'une expérience plutôt horrible. Enfin, certains ont jugé que ces services permettaient parfois de rencontrer des gens fort agréables et d'autres fois moins... Dans l'ensemble, l'expérience se révélait enrichissante et valait la peine d'être vécue.

Avec l'aide de mon assistante de recherche Catherine Laurin, étudiante en psychologie, j'ai tenté de faire le tour de ce qui est offert dans ce créneau. Catherine a répertorié plus d'une centaine «d'adresses» de services de rencontres en tout genre dans la grande région de Montréal. Nous nous sommes informés des modalités, des prix et du taux de succès des différentes formules ainsi que de la clientèle qui y a recours. Voici donc un tableau des catégories de services offerts. Histoire de ne pas faire trop de bonne ou de mauvaise publicité aux entreprises, nous tairons les noms. Le but visé consiste simplement à démontrer qu'il y en a pour tous les goûts et toutes les bourses.

Les petites annonces

Un jour de déprime, j'ai mis une petite annonce dans un journal en me disant qu'aucun homme ne m'écrirait, que plus personne ne voulait de moi ! Erreur ! J'ai reçu une grosse enveloppe remplie de lettres... Ça remonte l'estime de soi et un ego en perte de vitesse ! J'ai fait un tri et montré les lettres les plus intéressantes à mes amies. J'ai rencontré plusieurs hommes et j'ai décidé « d'investir » davantage avec l'un d'eux... Ça n'a pas fonctionné. J'ai alors baissé mes critères de sélection et appelé certains candidats dont la lettre s'était retrouvée dans la pile « lettres semi-intéressantes »... Ils n'étaient plus disponibles ! Je ne recommencerais peut-être pas l'expérience, mais je me souviens encore de mon excitation !

DIANE, 44 ANS

On peut vraiment tout trouver dans les petites annonces de notre quotidien préféré, même un amoureux ! La procédure s'avère fort simple. Vous rédigez votre annonce et elle paraît dans le journal à la fréquence que vous choisissez. Si quelqu'un se montre intéressé par votre message, il contacte le journal et ouvre un casier. Le courrier reçu vous est acheminé par l'intermédiaire de votre propre casier. Il vous revient d'en faire le tri!

Ce système comporte certains avantages. Vous communiquez par écrit. On a parfois la plume plus séductrice et révélatrice que les gestes… du moins les premiers qu'on esquisse ou qu'on ose! De surcroît, c'est anonyme et vous pouvez répondre seulement aux messages qui vous intéressent. Personne ne connaît votre numéro de téléphone. Il existe toutefois quelques importants désavantages, dont le prix! Dans l'un des quotidiens majeurs de Montréal, cela vous coûte près de 8 $ par ligne de texte, 25 $ par mois pour ouvrir un casier (obligatoire si vous désirez une réponse) et de 75 $ à 125 $ pour faire passer votre annonce une seule fois! Il ne faut pas non plus oublier que la personne intéressée par votre annonce doit payer 25 $ pour ouvrir son casier. Certes, ce n'est peut-être pas cher pour trouver l'homme ou la femme de sa vie. Ce service s'adresse donc davantage aux amoureux discrets… qui ont les moyens!

Saviez-vous que…

Des études sur les petites annonces démontrent que les hommes ont tendance à rechercher des femmes plus jeunes et jolies alors que les femmes insistent plutôt sur leur désir de rencontrer quelqu'un de stable et de bien établi dans la vie… avec de l'humour et un zeste de tendresse! De plus, les hommes semblent – à première vue! – avoir des goûts et des champs d'intérêt plus diversifiés que les femmes : voyages, sports, soupers, ethnie. Peut-être osent-ils simplement davantage les exprimer? En contrepartie, les femmes, elles, se sentiraient peut-être plus à

l'aise d'évoquer des caractéristiques psychologiques essentielles au bon développement
d'une relation.

Le service de messagerie téléphonique

*Les gens deviennent facilement «accrochés» à ce genre de
rendez-vous téléphonique. Chaque jour, ils peuvent écouter
des centaines de messages et choisir ceux qui les attirent.
C'est un peu comme du magasinage! Ça demande beaucoup d'énergie (écoute des messages, appels téléphoniques,
rencontres...), surtout quand il s'agit de faire comprendre
à la personne que ça ne fonctionne pas! L'avantage de ce
système de rencontres téléphonique, c'est que ça demeure
plus mental que physique. Et puis, la voix de quelqu'un
m'en dit parfois beaucoup! Le premier contact ne se fait
pas comme dans la vraie vie, sur la base de l'attirance
physique, mais de façon plus intello...*

JULIE, ÉTUDIANTE EN SCIENCES POLITIQUES

Le service de messagerie téléphonique, les «boîtes
vocales» si l'on préfère, est extrêmement populaire!
Selon nos recherches, il s'agirait du service le plus
utilisé. Le principe? Vous vous procurez une boîte
vocale pour pouvoir y enregistrer votre message. Ce
dernier est le plus souvent reproduit sur une page du
journal d'accueil... au milieu de nombreux autres
messages. Compétition féroce! Quelqu'un vous lit,
sélectionne votre message au moyen d'un numéro,
l'écoute et, s'il est intéressé, il vous laisse un message.
Vous récupérez celui-ci dans votre boîte vocale et si
vous êtes vous aussi séduit (du moins jusqu'à nouvel

ordre!) par le «candidat», certaines entreprises vous permettent de vous donner des rendez-vous téléphoniques à même le système. Cela s'avère plus sécuritaire que de laisser votre propre numéro de téléphone. Les téméraires peuvent procéder directement et laisser leur numéro personnel.

Les prix varient... mais ça monte parfois en flèche! Si plusieurs services sont gratuits pour les femmes, les hommes doivent en tout temps payer pour l'annonce et sont facturés à la minute pour laisser des messages. Ce n'est cependant pas une raison pour vous montrer expéditifs, messieurs!

Le représentant d'un des plus populaires services du genre nous affirme qu'ils peuvent recevoir jusqu'à 10 000 appels par jour! Le service serait plus achalandé l'été et avant Noël. La clientèle varie : des hommes qui cherchent des femmes, d'autres des hommes; des femmes qui cherchent des hommes ou des femmes; des gens en quête d'un amoureux sérieux, d'autres d'un partenaire épisodique ou d'un compagnon de voyage. Partage d'épidermes, d'activités, de destinations... Tout paraît possible! Sur le plan de l'efficacité, on nous dit simplement qu'ils reçoivent entre dix et quinze appels par mois d'usagers qui remercient le service de les avoir aidés à trouver la personne de leur vie!

Cependant, ce service est si accessible et pratique que certains usagers «compulsifs» vont d'une personne à l'autre comme on change de chaîne de télévision au moment de la pause publicitaire. Danger d'étourdissement!

Comment se présenter ?

L'art du message à l'ère de la messagerie

◆ NE VOUS DÉVALORISEZ SURTOUT PAS DANS VOTRE ANNONCE. Par exemple : « Femme d'apparence ordinaire cherche… » Si vous êtes d'apparence ordinaire, mettez l'accent sur votre personnalité sans mentionner l'apparence ou alors signalez que vous êtes plutôt jolie : « Femme chaleureuse et cultivée, très joviale… » Il ne faut pas exagérer non plus ! Si vous n'êtes pas la plus belle ou le plus beau du monde, ne dites pas que vous l'êtes. N'oubliez pas, votre but est de rencontrer la personne et aucun d'entre nous n'aime les menteurs !

◆ SOYEZ CLAIR, BREF ET PRÉCIS DANS VOS DEMANDES ET VOTRE DESCRIPTION. Plus votre message reste vague, moins il se détache des autres ! Une proposition comme « H cherche F aimant les sorties du samedi dans un bon resto, les films et la nature à l'occasion pour vie de couple harmonieuse » risque davantage d'ennuyer que de séduire ! Suivez le conseil d'une utilisatrice aguerrie : écoutez les messages de vos « concurrents », remarquez leurs points de convergence et positionnez-vous différemment. C'est en soignant votre formulation et en faisant preuve d'humour que vous vous démarquerez et susciterez l'intérêt.

◆ PRÊTEZ ATTENTION AU FAIT QUE, LORSQUE VOUS ÉNONCEZ UN CRITÈRE DE SÉLECTION, VOUS RISQUEZ D'EXCLURE CEUX QUI N'Y RÉPONDENT PAS. Déterminez ce qui est vraiment important pour vous. Ainsi, si vous tenez à ce que la personne élue ne fume pas, est-il pour autant essentiel qu'elle ait les yeux pers et les cheveux blonds? Ou encore, si vous exigez un féru d'opéra et de courses automobiles, peut-être vous privez-vous d'un amateur de théâtre et de pistes cyclables qui pourrait vous émouvoir aux larmes...

◆ LORSQUE VOUS DICTEZ VOTRE MESSAGE, NE LE RÉCITEZ PAS! Pratiquez-vous avant... pas pendant! Si le procédé paraît artificiel, le ton, lui, doit rester naturel!

Internet

C'est très bien Internet, mais on peut facilement tourner en rond. On s'écrit pendant des jours, des semaines et même des mois avant de se rencontrer... si l'on se rencontre! Ça peut être très romantique, les messages dans Internet. On prend des heures à penser à nos réponses pour trouver les bons mots et s'assurer qu'on ne fait pas de fautes d'orthographe. Mais des fois, c'est juste ça, du bla bla bla.

PAUL, TECHNICIEN EN ÉLECTRONIQUE

Internet : là où le monde vous appartient! Oui, vous pouvez grâce au service de bavardage (*chat*) dénicher votre amoureux au bout du monde. Vous participez à des forums de discussion pour célibataires, à peu de frais ou même gratuitement (en contrepartie, vous devrez donner votre adresse électronique... risque sérieux d'embouteillage!). Cela demeure anonyme si vous le souhaitez : utilisez de préférence des sites qui assurent cette confidentialité et évitez d'indiquer votre prénom ainsi que votre nom de famille comme nom d'expéditeur. De plus, avec Internet vous pouvez voyager – et donc provoquer de multiples échanges – à travers le monde entier... mais si vous tenez à rencontrer des gens en personne, le billet d'avion peut être cher! Il s'agit certainement d'une voie d'avenir pour les rencontres. Toutefois, cela ne convient pas à tous. Ce n'est pas tout un chacun qui aime passer des heures sur le Net... Quoique certains peuvent devenir presque dépendants et vérifier 50 fois par jour s'ils ont reçu des messages! Et puis, la confrontation à la réalité de la rencontre en chair et en os peut se révéler éprouvante! Mieux vaut ne pas trop différer ce moment!

Les clubs de rencontres

J'ai rencontré ma conjointe dans un club pour professionnels. C'était à un restaurant d'Outremont. Nous étions une trentaine. Il y avait un peu plus de femmes que d'hommes. J'y suis allé avec une amie célibataire habituée du groupe. On mange un bon repas et on organise des jeux qui favorisent les discussions. Ça peut sembler niais, mais rien de tel pour vaincre la timidité et créer des liens! En une seule soirée, j'ai parlé à une dizaine de femmes très intéressantes. L'une d'entre elles m'a téléphoné au travail la semaine suivante et on est toujours ensemble depuis trois ans.

JEAN, MÉDECIN

Il y en a vraiment pour tous les goûts ici : des clubs de plein air, de sports toutes catégories, de danses sans fumée, qui réunissent des professionnels, des diplômés, des personnes adhérant à une même religion ou appartenant à la même ethnie ou à un groupe d'âge précis. Il s'agit d'une formule très intéressante. Plutôt que d'aller à un tête-à-tête avec un candidat potentiellement séduisant... et potentiellement ennuyant, on se retrouve avec des gens qui partagent au moins un point en commun revêtant une importance pour nous. Les rencontres s'effectuent en groupe. Et si celles-ci ne nous plaisent pas, au moins on pratique une activité qu'on aime! Certaines activités se terminent parfois par une rencontre informelle au resto ou au bar... Après tout, ce n'est pas en courant après la balle de tennis qu'on peut discuter en profondeur! La timidité nous freine? On y va avec un autre célibataire! Minimes, les frais sont surtout destinés à payer les coûts de l'activité : le repas au restaurant, la randonnée en vélo, le terrain de tennis, le voyage en Europe...

WYSIWYG
(What you see is what you get!)

Le principal avantage de ce service réside dans le fait que c'est du «direct», c'est le moins qu'on puisse dire! Vous avez l'occasion de voir et de converser avec des gens qui partagent au moins deux buts avec vous : la pratique de l'activité et la rencontre d'un être cher. Pas de faux-semblants ni de facéties ici! On aime ce qu'on voit... ou pas.

Les agences de rencontres

Voici probablement la catégorie de services de rencontres la plus sophistiquée. Un «professionnel du *match-making*» vous évalue de façon exhaustive. Une véritable entrevue! Certains services font même appel à des psychologues afin de bien cerner la personnalité de l'individu à la recherche d'amour et on peut vous faire passer une batterie de tests psychologiques. Le but? Vous associer avec quelqu'un qui vous convient tant sur le plan de l'apparence physique que sur celui de la personnalité.

Certaines agences ont des critères de sélection très sévères. On exige une autonomie financière, un niveau de scolarité assez élevé, une bonne hygiène (difficile d'être contre!) et surtout la volonté de développer une relation sérieuse. De plus, certains candidats expriment des exigences parfois «limitatives»: un golfeur non fumeur mesurant plus de six pieds et deux, aimant Louis-Ferdinand Céline, les enfants en bas âge de même qu'Éric Rohmer, ça ne court pas les rues! Encore moins les agences...

Après l'inscription et un certain temps de recherche – surtout pour l'amateur de Rohmer! –, la conseillère vous prévient qu'elle a trouvé un candidat potentiel. On demande votre autorisation pour transmettre votre numéro de téléphone.

Les prix? Assez élevés. Près de 300 $ pour un contrat de trois mois. On n'a pas voulu nous dire s'il existait une garantie sur le nombre de rencontres dont on peut se prévaloir au cas où les choses n'iraient pas comme prévu! Dans une des plus grandes agences de Montréal, on soutient que la banque de célibataires se situe entre 800 et 900 personnes à tout moment. Dans le groupe des 25-35 ans, il y a 60% d'hommes. Chez les plus de 45 ans, il y a davantage de femmes. Pourtant, on nous parle d'un taux de réussite de près de 90%!

Que faut-il en penser?

Il existe fort peu d'études sur l'efficacité des services de rencontres. Il serait très difficile d'entrer dans une boîte et proposer d'effectuer une recherche sur l'efficacité de l'entreprise. Cela impliquerait passablement de risques commerciaux pour une compagnie. À moins qu'une entreprise ait suffisamment confiance en ses résultats pour ouvrir ses livres aux chercheurs universitaires, il faudra se fier aux statistiques peut-être gonflées qu'elle produit pour juger de son efficacité. Par ailleurs, les clients aimeraient-ils recevoir un coup de téléphone d'un chercheur sans avoir au préalable consenti à l'exercice? Et puis, quelle serait la mesure d'efficacité de ces services? Des relations amoureuses durables? Le développement d'amitiés simples mais saines? L'épanouissement sexuel? Est-ce qu'on ne devrait pas simplement demander aux usagers si, dans l'ensemble, ils s'estiment satisfaits des services?

Pourquoi ne pas proposer à des gens qu'on connaît et en qui on a confiance de nous relater leur expérience avec ces services... Confidences surprenantes en perspective! Vous verrez, tel que mentionné plus tôt, que certains seront satisfaits et d'autres pas – comme dans n'importe quel domaine d'ailleurs. La seule vraie façon de vérifier si cela vous convient, c'est d'essayer!

Une dernière mise en garde!

Si vous décidez d'essayer ces services, voici une légère mise en garde...

◆ Posez beaucoup de questions – il ne s'agit cependant pas d'un interrogatoire! – avant de rencontrer la personne.

◆ Ne multipliez pas les rendez-vous téléphoniques… C'est extra d'apprivoiser quelqu'un
par la voix et les mots, mais tôt ou tard il faut
se confronter à la personne toute entière !

◆ Rencontrez la personne dans un lieu public les
premières fois.

◆ Soyez conscient que vous courez le risque de
vous faire rejeter par la personne ou de la
rejeter : c'est la vie !

◆ Prêtez attention au fait que les gens ont tendance à s'embellir dans leur description et que
vous avez peut-être fait la même chose : vous
pouvez être déçu… d'autant qu'on se crée
toujours une image de quelqu'un avant de le
rencontrer qui correspond davantage à notre
réalité qu'à la sienne !

◆ Prêtez également attention à ce qui suit. Plusieurs individus recherchent des personnes
ayant des caractéristiques physiques, financières, etc., qu'ils sont loin de posséder eux-
mêmes ! Une amie a répondu à une annonce
d'un homme qui recherchait une jolie fille
sportive au goût vestimentaire sûr. À la rencontre de cet Adonis cherchant Aphrodite,
quelle déception ! « Il s'habillait comme la
chienne à Jacques et avait une bedaine qu'il
aurait sûrement perdu s'il avait été le moin-
drement sportif, quel culot ! » Ce que les gens
demandent, ils ne l'ont pas nécessairement…

◆ Le coût de ces services peut être élevé. Vous
pouvez y laisser beaucoup d'argent, surtout
si cela prend un peu de temps à trouver la
personne qui vous convient.

◆ Enfin, n'oubliez pas que les services de rencontres poursuivent un seul but : faire des profits (comme toute entreprise d'ailleurs!).

Ces services vous permettront à tout le moins de maximiser vos chances de rencontres et, qui sait, de conquêtes amoureuses... Ils vous fourniront également l'occasion de pratiquer vos habiletés de séduction, de vaincre votre anxiété et d'en apprendre davantage sur la nature humaine. Vous vivrez une belle aventure quelque peu originale. Si au bout de l'aventure l'amour émerge, tant mieux...

Conclusion

La solitude est pour plusieurs une condition de vie difficile. Le processus de séduction se teinte souvent d'anxiété. La peur de se faire rejeter et de rester seul fait en sorte que la sélection d'un partenaire s'effectue souvent de manière précipitée. Pourtant, le choix de votre partenaire de vie entraîne des conséquences majeures, qui vont de la qualité de la relation dans le quotidien aux valeurs que vous transmettrez à vos enfants.

Je suis persuadé que les conseils pratiques et les informations contenus dans ce livre vous aideront à choisir et à séduire une personne avec qui vous vous sentirez vraiment bien. Pour certains, il s'agit peut-être d'informations déjà connues. Le fait qu'elles sont appuyées par une littérature scientifique ne peut que vous confirmer dans vos bonnes méthodes! Pour d'autres, il s'agit d'un sujet relativement nouveau. Du principe de «qui se ressemble s'assemble» à l'importance de l'apparence physique, des vêtements ainsi que de la communication non verbale et verbale, ce guide couvre plusieurs aspects du processus de séduction. L'un ou l'autre d'entre eux vous a peut-être étonné, choqué même! Enfin, les techniques cognitives et comporte-mentales que je vous ai présentées dans le contexte de la gestion de l'anxiété amoureuse nécessitent beaucoup de pratique, je l'admets. Cependant, vous pouvez ap-pliquer ces stratégies à d'autres domaines de votre vie. Si vous désirez en savoir plus sur ces techniques qui ont révolutionné la psychothérapie depuis vingt ans, je vous encourage à lire *Être bien dans sa peau*, de David Burns. Vous trouverez la référence dans la bibliographie.

Je crois à l'importance des habiletés de séduction parce que *la vie même est une opération de séduction* (le sexe parfois en moins)! Tous les jours, vous utilisez votre charme et vos habiletés de communication, en plus de vos compétences bien sûr, pour convaincre les gens de votre entourage, vos amis, collègues, clients et patrons, que vous êtes une personne valable qui mérite affection, amitié, fidélité, respect, promotion... Tout quoi! Vous ne vous en apercevez sans doute pas toujours, mais c'est ce que vous faites. Comme moi d'ailleurs... Nous sommes donc tous engagés dans une opération de séduction.

Même si je considère ce sujet comme important, je sais que certains confrères le trouveront quelque peu léger. D'ailleurs, nombre d'entre eux seront étonnés d'apprendre que j'ai écrit un livre sur la séduction. Plusieurs, dans les milieux médicaux et scientifiques, me connaissent pour mes recherches portant sur la relation entre les facteurs psychologiques et les maladies du cœur. Certains puristes penseront que j'ai eu tort d'investir autant de temps dans un autre domaine que la «sérieuse» recherche médicale. Un jour, ils se retrouveront peut-être célibataires et alors... J'ai rédigé ce paragraphe avec un petit sourire sincère, pas mesquin!

Quant à vous, si j'ai pu vous aider à trouver et à séduire une personne à la hauteur de vos véritables qualités, je considérerai avoir atteint mon objectif.

Remerciements

Pour mener à bien l'écriture de ce livre et aborder le sujet de la séduction, il fallait évaluer et choisir plusieurs recherches d'éminents psychologues, psychiatres et spécialistes de la communication. Ces recherches proviennent principalement de la psychologie sociale et cognitivo-comportementale. Elles ont été, pour la plupart, réalisées depuis les vingt-cinq dernières années. J'ai vulgarisé au meilleur de mes connaissances ces études. Sans ces dernières, ce livre n'aurait sans doute pas vu le jour. Je vous remercie donc, chers collègues, pour vos travaux.

Ce projet de publication s'est également enrichi des témoignages de plusieurs personnes : clients, connaissances, amis et membres de ma famille. Merci à vous tous. Votre ouverture à me raconter vos expériences dans vos relations a permis de rendre plus concret le propos de ce livre.

Si j'ai pu écrire ce guide tout en poursuivant mes recherches dans un domaine légèrement différent, c'est grâce à la collaboration de plusieurs personnes à qui j'aimerais adresser mes remerciements. Je voudrais d'abord remercier Michel Ouellet, mon agent littéraire. C'est Michel qui a eu l'idée de ce livre et qui a approché la maison d'édition. Michel m'a aussi suivi durant toute l'élaboration du projet (trois ans!) et nous avons parlé pendant des heures de ce sujet. À travers cette expérience, une profonde amitié s'est développée.

Un grand merci aux éditrices de Libre Expression qui ont travaillé sur ce livre. Merci à Carole Levert d'avoir cru, sans hésitation, au projet et de m'avoir aidé à élaborer le plan initial du livre. Merci ensuite à Suzanne Bélanger d'avoir pris la relève et d'avoir suivi l'évolution du projet pour qu'il se termine dans des délais... raisonnables ! Merci à André Bastien d'avoir en quelque sorte insisté pour que je n'abandonne pas ce projet au moment où je commençais mes études en médecine. Merci André et Suzanne de m'avoir présenté à Bianca Côté, rédactrice-réviseure et auteure de plusieurs livres. Bianca, sans ton travail rapide et rigoureux de correction et tes nombreuses suggestions éditoriales, ce livre aurait sans doute pris encore trois ans à écrire ! Tu as aussi ajouté à la sensibilité du ton de cet ouvrage et c'est un gros plus. Merci. Je remercie également Catherine Laurin, ma fidèle assistante de recherche à l'Institut de cardiologie de Montréal. Catherine a lu et relu le manuscrit, et a fait beaucoup de recherches pour ce projet. Merci aussi à sa mère, qui a bien voulu me faire part de ses commentaires.

Merci à ma bonne amie Nathalie Brisson, à ses sœurs, Natacha et Nadine, ainsi qu'à leur mère Nicole – également écrivaine – d'avoir lu les premières versions du livre. Je vous embrasse.

J'aimerais remercier deux personnes qui ont grandement influencé ma pensée. Le docteur Bernard Beitman, éminent psychiatre de l'Université du Missouri-Columbia, a bien voulu m'accepter dans son département pour un stage de recherche et de clinique en 1992. J'ai été très touché que le plus célèbre chercheur au monde dans mon domaine initie si généreusement un simple étudiant... Et puisqu'il ne comprend pas un mot de français : « *I just wanted you to know how much your genuine interest and support of my work over the years has kept me going. Thanks Doc !* »

L'autre professeur qui m'a fortement influencé est celui qui a dirigé ma thèse de doctorat, Gilles Dupuis, de l'Université du Québec à Montréal. Il s'agit du plus généreux universitaire que je connaisse. Gilles a toujours su m'aider à canaliser et à dompter mes idées folles. J'espère qu'il appréciera ce dernier projet qui déborde du cadre habituel de nos recherches!

Enfin, merci à Kim Lavoie, ma conjointe, psychologue également (eh oui, qui se ressemble s'assemble!) pour ses commentaires sur le manuscrit, mais surtout pour sa patience, son soutien et son amour tout au long de ce projet.

Bibliographie

Abbey, A. et Melby, C. (1986). «The Effects of Nonverbal Cues on Gender Differences in Perceptions of Sexual Intent». *Sex Roles*, 15 (5-6), 283-298.

Aiken, L.R. (1963). The Relationships of Dress To Selected Measures of Personality in Undergraduate Women. *Journal of Social Psychology*.

Altman, I. et Taylor, D.A. (1973). *Social Penetration: The Development of Interpersonal Relationships*. New York : Holt, Rinehart and Winston.

Beck, A.T., Rush A.J., Shaw, B.F. et Emery, G. (1979). *Cognitive Therapy of Depression*. New York : Guilford Press.

Beck, J.G., Bozman, A.W. et Qualtrough, T. «The Experience of Sexual Desire: Psychological Correlates in a College Sample». *Journal of Sex Research*, 28 (3), août 1991, 443-456.

Bjork, D.W. (1993). *B.F. Skinner: A Life*. New York : BasicBooks.

Boisvert, J.M. et Beaudry, M. (1979). *S'affirmer et communiquer*. Montréal : Éditions de l'Homme.

Borcherdt, B. (1996). *Head Over Heart in Love*. Sarasota, FL : Professional Resource Press.

Borkovec, T.D., Stone, N., O'Brien, G. et Kaloupek, D. (1974). «Identification and Measurement of a Clinically Relevant Target Behavior for Analogue Research». *Behavior Therapy*, 5, 503-505.

Botting, K. et Botting, D. (1995). *Sex Appeal: The Art and Science of Sexual Attraction*. New York: St. Martin's Press.

Branden, N. (1980). *The Psychology of Romantic Love*. Los Angeles : Tarcher.

Brehm, S.S. (1992). *Intimate Relationships*, 2e édition. New York : McGraw-Hill.

Browne, J. (1997) *Dating for Dummies*. IDG Books Worldwide inc. : Foster City, CA.

Burleson, B.R., Kunkel, A.W. et Szolwinski, J.B. (1997). «Similarity in Cognitive Complexity and Attraction to Friends and Lovers: Experimental and Correlational Studies». *Journal of Constructivist Psychology*, 10(3), 221-248.

Burns, D.D. (1994). *Être bien dans sa peau*. Saint-Lambert, Québec : Les Éditions Héritage Inc.

Buss, D.M. (1989). «Human Mate Selection». *American Scientist*, 73, 47-51.

Byrne, D., Ervin, C.E. et Lamberth, J. (1970). «Continuity Between the Experimental Study of Attraction and Real-Life Computer Dating». *Journal of Personality and Social Psychology*, 16, 157-165.

Cargan, L. et Melko, M. (1982). *Singles: Myths and Realities*. Beverly Hills, CA : Sage Publications.

Caspi, A. et Harbener, E.S. (1990). «Continuity and Change: Assortive Marriage and Consistency of Personality in Adulthood». *Journal of Personality and Social Psychology*, 58, 250-258.

Chaiken, S. (1979). «Communicator Physical Attractiveness and Persuasion». *Journal of Personality and Social Psychology*, 37, 1387-1397.

Clark, L.S. (1998). «Dating on the Net: Teens and the Rise of "Pure" Relationships». Dans S.G. Jones *et al.* (Eds). *Cybersociety 2.0: Revisiting Computer-Mediated Communication and Community*. New media cultures, vol. 2. (p. 159-183). Thousand Oaks, CA, USA : Sage Publications, Inc.

Compton, N.H. (1962). Personal Attributes of Color and Design Preferences in Clothing Fabrics. *Journal of psychology*; 54, 191- 195.

Cooper, A. et Sportolari, L. (1997). «Romance in Cyberspace: Understanding Online Attraction». *Journal of Sex Education & Therapy*, 22(1), 7-14.

Craighead, W.E., Kazdin, A.E. et Mahoney, M.J. (eds) Boston : Houghton Mifflin Company.

Curran, J.P. (1981). *Social Skills and Assertion Training*. Dans : *Behavior Modification: Principles, Issues and Applications*, 2ᵉ édition, p. 243-263.

Devito, J.A. (1990). *Messages: building Interpersonal Communication Skills*. New York : Harper and Row Publishers.

Dotton, D.G. et Aron A.P. (1974). Some Evidence for Heightened Sexual Attraction Under Conditions of High Anxiety. *Journal of personality and social psychology* 30 : 510-517.

Downey, G., Freitas, A.L., Michaelis, B. et Khouri, H. (1998). «The Self-Fulfilling Prophecy in Close Relationships: Rejection Sensitivity and Rejection by Romantic Partners». *Journal of Personality & Social Psychology*, 75(2), 545-560.

Edwards, T.M. (2000). «Why Marry When You Can Stay Single?» dans *Time*, vol. 156, nᵒ 9, p.36-43.

Efran, M.G. (1974). «The Effect of Physical Appearance on Judgment of Guilt, Interpersonal Attraction, and the Severity of Recommended Punishment in a Simulated Jury Task». *Journal of research in personality*, 8 , 45-54.

Fein, E. et Schneider. C. (1995). *The Rules: Time Tested Secrets for Capturing*. Mr Right, Warner Books, New-York.

Felmlee, D.H. (1998). «"Be Careful What You Wish For...": A Quantitative Investigation of "Fatal Attractions"». *Personal Relationships*, 5(3), 235-253.

Festinger, L. (1951). «Architecture and Group Membership». *Journal of Social Issues*, 7, 1952.

Festinger, L., Schachter, S. et Back, K.W. (1950). *Social Pressures in Informal Groups: A Study of Human Factors in Housing*. New York : Harper and Brothers.

Flora, J. et Segrin, C. (1999). «Social Skills Are Associated with Satisfaction in Close Relationships». *Psychological Reports*, 84(3 Pt 1), 803-804.

Folkes, V.S. (1982). «Forming Relationships and the Matching Hypothesis». *Personality and Social Psychology Bulletin*, 8, 631-636.

Foot, D.K. en collab. avec Stoffman, D. (1999). *Entre le boom et l'écho 2000 – Comment mettre à profit la réalité démographique à l'aube du prochain millénaire*, coll. Infopresse, Boréal.

Garcia, S.D. (1998). «Appearance Anxiety, Health Practices, Metaperspectives and Self-Perception of Physical Attractiveness». *Journal of Social Behavior & Personality*, 13(2), 307-318.

Gay, P. (1988). *Freud: A Life For our Time*. New York : Anchor Books.

Geiselman, R.E., Haight, N.A. et Kimata, L.G. (1984). «Context Effects in the Perceived Physical Attractiveness of Faces». *Journal of Experimental Social Psychology*, 20, 409-424.

Gilmartin, B.G. (1987). *Shyness and Love: Causes, Consequences and Treatment*. New York : University Press of America.

Glass, C.R., Gottman, J.M. et Shmurak, S.H. (1976). *Response Acquisition and Cognitive Self-Statement Modification Approaches in Dating Skills Training*, 23, 520-526.

Goldman, W. et Lewis, P. (1977). «Beautiful is Good. Evidence that the Physically Attractive are More Socially Skillful». *Journal of Experimental Social Psychology*, 13, 125-130.

Gwinnell, C. (1999). *Online Seductions: Falling in Love With Strangers on the Internet*. New York : Kodansha International.

Hall, E.T. (1966). The Hidden Dimension. Garden City, NY : Double Day.

Haring-Hidore, M., Stock, W.A., Okun, M.A. et Witter, R.A. (1985). «Marital Status and Subjective Well-Being: A Research Synthesis». *Journal of Marriage and Family*, 47, 947-953.

Heimberg, R.G., Liebowitz, M.R., Hope, D.A. et Schneier, F.R. (dir.) (1995). *Social Phobia: Diagnosis, Assessment, and Treatment*. New York : Guilford.

Herold, E.S. et Milhausen, R.R. (1999). «Dating Preferences of University Women: An Analysis of the Nice Guy Stereotype». *Journal of Sex & Marital Therapy*, 25(4), 333-343.

Hess, E.H. et Polt, H.M. (1960). Pupil Size as Related To Interest Value of Visual Stimuli. *Science*, 349-350.

Hindy, C.G., Schwarz, J.C. et Brodsky, A. (1989). *If This is Love Why Do I Feel So Insecure?* New York : The Atlantic Monthly Press.

Jacobson, E. (1980). *Savoir relaxer*. Éditions de l'Homme : Montréal.

Johnson, J.E., Aikman, K.G., Danner, C.C. et Elling, K.A. (1995). «Attributions of Shy Persons in Romantic Relationships». *Journal of Clinical Psychology*, 51(4), 532-536.

Jourard, S.M. (1968). *Disclosing Man to Himself*. New York : Van Nostrand Reinhold.

Kernis, M.H. et Wheeler, L. (1981). «Beautiful Friends and Ugly Strangers: Radiation and Contrast Effects in Perceptions of Same-Sex pairs». *Personality and Social Psychology Bulletin*, 7, 617-620.

Kuriansky, J. (1996). *The Complete Idiot's Guide to Dating*. New York : Alpha Books.

Lamourière, O. (1993). *Le savoir-aimer. De la rencontre à la relation amoureuse*. Paris : Les guides société Hachette.

Langlois, J.H. *et al.* (2000). «Maxims or Myths of Beauty? A Meta-Analytic and Theoretical review». *Psychological Bulletin*, vol. 126, n° 3, 390-423.

Legres, J. et Pemartin, D. (1981). *Pratique des relations humaines dans l'entreprise*, Paris : Les éditions d'organisation.

Locke, K.D. et Horowitz, L.M. (1990). «Satisfaction in Interpersonal Interactions as a Fonction of Similarity in Level of Dysphoria». *Journal of Personality and Social Psychology*, 58, 823-831.

Malloy, J.T., (1975). *Dress for Success*. New York : Warner Books.

Manstead, A.S.R. et Hewstone, M. (eds). (1995). *The Blackwell Encyclopedia of Social Psychology*. Cambridge Massachusetts : Blackwell Publishers.

Marchand, A. et Letarte, A. (1993). *La peur d'avoir peur : Guide de traitement du trouble panique avec agoraphobie*. Montréal : Stanké.

Markway, B.G., Carmin, C.N., Pollard, C. A. et Flynn, T. (1992). *Dying of Embarrassment: Help for Social Anxiety and Phobia*. Oakland, CA : New Harbinger Publications.

McCabe, M., Cummins P. et Robert A. «An Evolutionary Perspective on Human Female Sexual Desire». *Sexual and Marital Therapy*, vol. 12(2), mai 1997, 121-126.

McCarthy, B.W. «Marital Style and Its Effects on Sexual Desire and Fonctioning». *Journal of Family Psychotherapy*, vol. 10 (3), 1999, 1-12.

Mc Mullin, R.E. (1986). *Handbook of cognitive therapy techniques*. New York : W.W. Norton and Company.

Meeks, B.S., Hendrick, S.S. et Hendrick, C. (1998). «Communication, Love and Relationship Satisfaction». *Journal of Social & Personal Relationships*, 15(6), 755-773.

Molloy, J.T. (1988). *The New Dress for Success Book*. New York : Warner Books.

Morris, D. (1971). *Intimate Behavior*. New York : Random House.

Murray, S.L., Holms, J.G., MacDonald, G. et Ellsworth, P.C. (1998). «Through the Looking Glass Darkly? When Self-Doubts Turn Into Relationship Insecurities». *Journal of Personality & Social Psychology*, 75(6), 1459-1480.

Nevid, J.S. (1984). «Sex Differences in Factors of Romantic Attraction». *Sex Roles*, 11, 401-411. 1984.

Nichols, M.P., (1995). *The Lost Art of Listening*. New York : Guilford.

Pfaus, J.G. «Neurobiology of Sexual Behavior». *Current Opinion in Neurobiology*, vol. 9(6), décembre 1999, 751-758.

Portnoy, E.J. (1993). «The Impact of Body Type on Perceptions of Attractiveness by Older Individuals». *Communication Reports*, 6(2), 101-108.

Prisbell, M. (1997). «Dating, Social Avoidance and Distress». *Psychological Reports*, 81(2), 463-466.

Rathus, S.A., Nevid, J.S. et Fichner-Rathus L. *Sexual Arousal and Response* dans *Human Sexuality in a World of Diversity*, p. 124-138. Allyn and Bacon Publishers, Needham Heights, Massachusetts, USA, 1993.

Regan, P.C. «Of Lust and Love: Beliefs About the Role of Sexuel Desire in Romantic Relationships». *Personal Relationships*. 5(2), juin 1998, p. 139-157.

Richmond, V.P., McCroskey, J.C. et Payne, S.K. (1991). *Nonverbal Behavior in Interpersonal Relations*. 2e édition. Prentice Hall, Englewood Cliffs, New Jersey.

Salfilos-Rothschild, C. (1981). «Toward a Social Psychology of Relationships». *Psychology of Women Quarterly*, 5, 377-384.